一個人帶著孩子去旅行 III

◎ 兩岸最快樂的親子旅遊書 ◎ 社會光明面新聞報導獎

U0084630

晴易文坊

甩開半無聊、半無奈的城市，單親父母、變相單親父母，

該出去走走了。向著陽光，向著快樂，帶著孩子去旅行吧！

愛玩的大孩子
——簡文香

一個人帶著孩子去旅行
上海居旅筆記
III

Contents

就在婦孺三人組興奮到幾近茶不思、飯不想的同時，老爺子不知哪根筋不對勁了，他突然以近乎哀求的語氣說：「我可以跟嗎？」「可以帶我去嗎？」「我可以當你們的行李箱或搬運工嗎？」

不管怎麼說，一張張紅藍標籤紙，就像是她們自己織成的心靈地圖，一張無可取代的旅行地圖！

不知去過幾次的朋友卻說：「放心啦，你會愛死上海，生活機能比台北還好，安啦！安啦！」

婦孺三人組的上海之行，雖說是休假旅行，但另一方面也想實際體驗體驗在上海生活的感覺，就像作家韓良露所提倡的「居旅」，選定一個地方，就住上好一陣子，去體驗當地的民情風俗，去看看他們在做什麼、忙什麼。伴隨著在地人的腳步，或快、或慢，配合當地人的節奏，自己調整。

一群婆婆媽媽、叔叔伯伯、阿姨和小朋友們

李根青 顏立新 湘宋琪 娥姜國興 傅 齡萱 Barbie 毛彥茹遲 伊怡文 王易君

盧素梅簡 石易Ruby 孫沛杰 邱謝諴慧 陳明 簡孝融

高皓詞 半正生 黃美月 金靜 趙佳美 劉子薇 Judy 鄧家登 芸 育華作 劉燕玉

李國緯 蔡雅如 Wendy 關 黃謝崇裕 姜通 霸子

鄭金水 楊詠翔 許詠嫒 馬溫妮 陳瑞華 楊淑媛 呂文娣 王北豐楊 李文碩蕙蕙

林欣俞　陳均　柔
傅　Cindy　王思華
李隆琪　Judy　喬
　　施美君　吳貞　蓮彬　胡寶璉　蘇子庭
王亭嬋　　張功　何文堯
李慧璇　　　　吳佳
蓮　　林淑惠　鄭之華　Tinabee
NOVA
鄭心儀　簡　婉　王玲
　　　蔡　紀盈安　謝佩容
　　　文彥　michelle
李義　　劉　甯璟　惟　vivian　方往涵
　　　綸　伯　李家儀　黃詩媛　Sonia
　　　　　榕蓮元
緯　　　石二月　黃　愛
Leo　柯　宛　君　天
李鐵國洪永菁陳建宏

極冷、極熱，極快樂！

敲下最後一個鍵盤，為「一個人帶著孩子去旅行Ⅲ」劃下最後一個句點時，女兒們早早上床睡了，看她們沈睡在夢鄉裡，縱使心裡有再大的喜悅，都會忍著、忍著、再忍著，擔心極度的興奮，會影響到她們的睡眠品質、擔心明天上學遲到了、擔心上課打瞌睡……。

擔心、再擔心，在九十歲的父母眼裡，七十歲的兒子，還是小孩子。

「女兒奴」，不也就這樣來得嗎？「卡奴」、「屋奴」，怎麼樣都有個期程，還完了，就完了；「女兒奴」是一輩子都還不完的。

「一個人帶著孩子去旅行Ⅲ」完稿的剎那，伴著心裡給自己的歡呼掌聲，「隱忍」著欣喜若狂的情緒，看著睡得香甜的女兒們，卻有更加的感觸。

明知兒女的未來，並不會全部按自己的想法一路前進的；明知隨著兒女逐漸長大，代溝也會愈來愈深的；明知兒女成長的大環境，不可能因一介草民而能有重大改變；但，就是放心不下嘛！

尤其，當女兒愈是進入青春期，終於要上國中了，不知道為什麼，想的就是比以前多得更多！

「總要為她們做些什麼吧！總能提供她們些什麼吧！」

於是，某一天，我又習慣性地帶著兩個女兒出外旅行：去看台灣。途中，女兒們告訴我：她們班有很多人寒暑假都到國外度假；有的同學，甚至轉學到大陸唸書了。如果可以，她們也想去看看……。

原來，光看台灣，已經無法滿足她們單純愛玩的心態！

台灣囝仔，未來面對的是國際性、不分人種的競爭。

說的也是。台灣媒體發達、網路發燒，遙控器按幾下、滑鼠點幾下，全世界各地的即時新聞、奇風異俗，哪個管道看不到、找不到？甚至都可以分秒不差地SNG連線直擊。

這些鏡頭和畫面，都會深深勾起她們的好奇心、探索心……，除了台灣、除了父母、除了周邊的許許多多人，世界上真得有那麼多國家、那麼多人、那麼多好玩、好看的事物嗎？

「也許我能給她們的就是─國際觀」，讓她們試著去與世界接軌、去看外面的世界、去看看其他地方的人在做什麼？在幹什麼？和電視上、網路上的有什麼差別。

所以，老媽子決定鼓起勇氣，準備來個「勇闖天涯」。

「勇闖天涯」的第一站，選擇上海的原因很單純，女兒的同學們有人寒暑假都到大陸與家人團聚、有人轉學到大陸唸書，在她們的觀念裡，她們想去看同學的「新家」、「新學校」，想去看她們平時最常聽見的地方；加上全世界正瀰漫著一股「中國熱」，其實，老媽子也蠻想去的啦！「婦孺三人組」就這樣一拍即合囉！

由於帶小孩出國旅行，一定只能在寒暑假，雖說是極旺季，卻也是極冷、極熱的季節，寒假期間的上海，溫度可以降到零度；暑假期間，上海可以飆到四十度，但是，不管怎麼樣，對孩子而言，都是極重要、極快樂的旅行。

這也許就是我能提供給孩子們的：我不能為她們改變世界，卻可以帶她們打造極寬闊、極快樂的視野！

第一章　前言：從台北到上海

灰姑娘的彩色城市

久居上海的人都知道，上海難得晴空萬里，好像都是灰濛濛的，不過，一入夜卻又五光十色，小朋友形容很像是灰姑娘穿上彩色玻璃鞋。

第 一 章
前言：從台北到上海

花了好幾年的時間，一個人帶著孩子全台走透透，一部車齡才6年的車，跑了二十多萬公里，大概連計程車也比不上，常常有朋友看到我車上的里程表之後，都會驚嘆一句，「這是怎麼跑的？」

「車輪跑的啊！難道還是我用腳跑的唄！」

這是小朋友們最常用的無厘頭答法，做老媽的多少也學會了幾句。

不過，自己心裡也常常想著：如果有一天，可以不用開車，而是搭飛機，帶小朋友出國自助旅行，那有多好？

小朋友當然也想囉！他們上學、看電視，知道很多很多的國家，如果可以去……，小女生們那種欲語還留的嬌羞、雀躍，就只差沒將「我想要去」這幾個字寫在臉上了。

想著、想著，母女們每年都將「出國旅行」當成新年新希望，或是生日許願時，第一個要說出來的願望。

也許有人要說，現在出國這麼方便，帶孩子出國旅行，還需一年盼過一年嗎？

各位有所不知，老媽子雖然「老」，那是指年齡，但我的財富並沒有隨著年齡增長而成長，一張機票還可以，若再加上二個小孩，那就要乘以三，如果那個鮮少跟「婦孺三人組」同團出遊的老爺子，突然也要當個「大孩子」加入本團，天哪！那要乘以四，對於薪水階級來說，「乘以四耶！」那可是一筆不小的負擔。

所以囉！把「帶小孩出國旅行」當成「願望」，即使一年盼過一年，也當做是「省吃儉用」的動力。終於，在孩子準備要上國中前的寒假，「婦孺三人組」去辦護照、去訂機票、去書店買書、去網路找資料，去做好多好多行前準備，也還到廟裡拜拜，

感謝老天爺讓婦孺三人組如願以償，真的要搭飛機出國去旅行囉！

不跟團，自助旅行哦！每天可以睡到自然醒，不用跟著團趕車，不用趕集合時間……你想，小朋友有多高興，連我都興奮到睡不著。

就在婦孺三人組興奮到幾近茶不思、飯不想的同時，老爺子不知哪根筋不對勁了，他突然以近乎哀求的語氣說：「我可以跟嗎？」「可以帶我去嗎？」「我可以當你們的行李箱或搬運工嗎？」

這大概是除了求婚之外，老爺子第二次如此卑微的態度了，菩薩心腸如我，撒嬌成性的女兒們，婦孺三人組決定做一次民主投票，議題是：「同意爸比一起去的舉『頭』。」

沒異議，三票全部通過、沒人跑票。於是，「婦孺三人組」加了一個新成員，就是那個茶來伸手、飯來張口的老爺子。這是真的嘢，他真的是在飛機上，才開始閱讀我和女兒們準備了個把月的資料，連他的換洗衣物都是女兒幫他整理的。

苦了我這個老媽子，等於一個人帶了三個孩子去旅行。

2006年農曆春節期間，「婦孺三人組」外加一個「老爺子」，從台北—澳門，澳門—上海，歷經五個多小時，順著機艙外的層層雲海、再伴隨陸地上的閃閃燈火，我們來到東方明珠—上海。

第二章 織一張心靈旅行地圖：行前準備

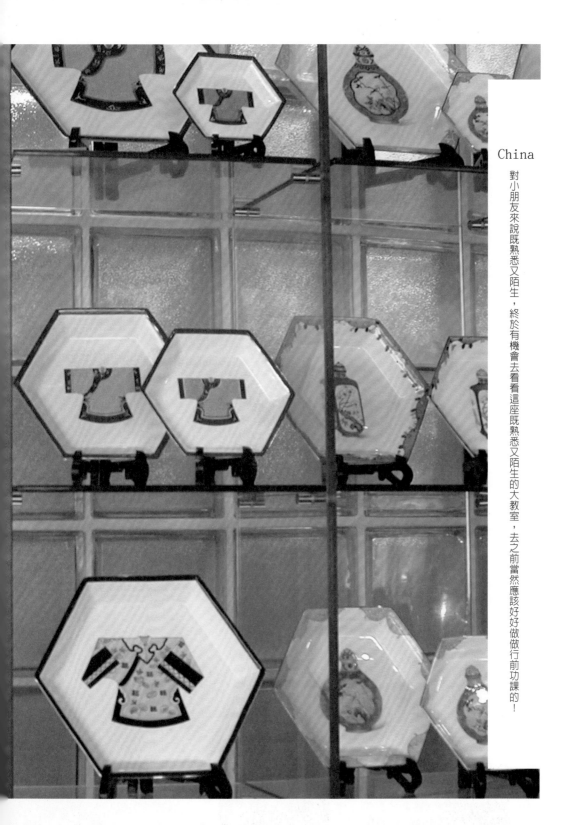

China

對小朋友來說既熟悉又陌生，終於有機會去看看這座既熟悉又陌生的大教室，去之前當然應該好好做做行前功課的！

上海車站

織一張心靈旅行地圖：行前準備

出國，出錢 不管自己負不負擔得起，我都建議應該讓小朋友一起分擔旅行經費。

STEP1、讓小朋友也出錢

既然有出國旅行的打算，經費可得好好計畫計畫。

相信大多數人都和我一樣，上班族，每個月固定的薪水，扣掉必要開支之後，要存錢並不容易。出國旅行，機票是不分成人、兒童的，一個座位就算一個人，也沒有站票，一夥人要出國，費用是一人一倍、二人二倍、三人三倍，兒童沒有經濟能力，所有的費用當然都要家長負擔。

不過，老媽子才沒那麼笨，要出國去玩，小朋友當然也要出錢。

小朋友怎麼負擔？存錢啊。讓小孩子也一起分擔旅費，正是老媽子的「開源法則」。

打從有出國旅行的念頭開始，我就經常「告誡」小朋友相關的金錢觀念，一個人出國就要一張機票錢，我要帶你們出國，等於就是一個人要負擔三張機票，就像家務事一樣，每個人都只有一天二十四小時、一個頭、二隻手、二隻腳，如果所有的工作都是由媽咪一個人做，那會累死我一個人，所以大家必需要分工。就這樣，我們家洗碗的工作是輪流的，星期一是爸爸、星期二、五是姊姊、星期三、四是妹妹，周末假日是媽咪，誰都輪得到，誰也逃不掉。

同理，如果你們不幫我分攤一些，我跟爸爸沒辦法存那麼多錢，當然就不能出國去旅行了。

於是乎，她們會將平時的零用錢存起來，還有過年期間長輩們給的壓歲錢，也都到郵局開立一個戶頭，日積月累、年復一年，存個萬把塊，不就幫忙分攤旅費了嗎？

這次的上海行就是這樣，小朋友們一個人各從戶頭提領出一萬五千元當成旅費，去郵局領錢那天，還是帶著她們一起去的，一來讓她們了解存提款的作業程序，二來讓她們親眼看到存摺的數據，「老媽子」很清白，沒A她們的辛苦錢。

有開源，就要有節流。養成記帳習慣是很好的「節流法則」。這是春天酒店董事長何麗玲教我的理財方法，擅於投資理財的她說，從以前到現在，她都有記帳的習慣，每天忙完回到家之後，她會將一天之內，從早到晚的任何一筆開銷，全部記到本子裡，即使是買一杯飲料或一份報紙也不例外，這樣可以清楚知道自己把錢花到哪裡去了，一段時間之後，就會發現哪些錢該花？哪些不該花？達到控制花費的目的。

我真的照做了，一個月之後再看看細目上的花費，我突然驚覺，原來我有好大一部份的錢都用來買非必需的消耗品和奢侈品。

知道自己在用錢上的缺點之後，第二個月就加以調整，結果和第一個月比較起來，整個月的花費少了一萬多塊，沒有花掉，等於就是存了一萬多元，旅費，不就有了嗎！

存錢小撇步

這是一個理財專家告訴我的，可以到文具店買一個透明塑膠的豬公錢筒，做為培養小朋友建立儲蓄觀念的起步工具。由於材質是透明的，當小朋友將銅板一個一個地存到錢筒時，小朋友可以看到豬公裡的銅板逐漸堆高了起來，這種看得見的成果，可以加深他們的儲蓄行為，進而建立起他們的理財觀念。

做得到的存錢法

對於上班族而言，每個月的薪水是固定的，稍微不小心，或是心血來潮的購買慾，荷包就有可能失血了，老媽子不是很懂得如何投資理財，但自從養成記帳習慣之後，每個月的錢，好像真的變多了。

食衣住行，沒錢樣樣不行　上海的消費其實不便宜，食衣住行如何省錢，樣樣讓老媽子傷腦筋。

STEP2、決定地點

　　雖說老媽子藝高人膽大，一個人帶著小孩全台走透透，但是出國這回事，可不是光有膽子就夠了，畢竟每個國家的文化背景不同、語言不同，生活習俗當然也不一樣，要將我們在台灣的生活模式，直接套用在其他國家，那可是會要人命的，加上老媽子的英文也不是那麼靈光，經費也不是充裕到可以直飛歐洲、美國，所以第一次帶著孩子出國自助旅行，自然以語言可以暢行無阻、距離也較近及生活機能較完善的文明地區為原則。

　　老媽子將之視為前哨站，先從簡單的開始，有了這樣的經驗，以後要到其他國家，自然能壯膽幾分。

　　和女兒們商量商量、討論討論，她們告訴我，班上同學有好多人過年都要到大陸去，因為家人在大陸工作。加上我也有些朋友們在那裡，所以，婦孺三人組外加一個老爺子，出國自助旅行的第一站就選擇說國語一定ㄟ通的大陸，選擇上海，是因為據說她是全中國最國際化、最文明的城市，而且又是2010年世界博覽會的主辦城市，世界博覽會？～～不就是那種經濟科技的奧運會嗎？！

　　除了教育意義之外，其實老媽子也想去印證傳說中的上海，是否真如詩人羅智成所言：「夢的租界地」，否則老媽子對上海的印象還是停留在張愛玲、阮玲玉那個年代，或是港劇裡的「上海灘」，很LKK呢！

　　老媽子十年前去過大陸，當時是在青島，從此未再踏上中國一步，因為被嚇到了。光想到上廁所沒有門這回事，就從早到晚不敢喝水，否則真的憋不住了，怎麼辦？都是忍到晚上住進飯店之後，才敢大口喝水。

　　只是太多的資訊不斷洗腦，整個中國大陸經過十多年的經濟發展，上海已經是個相當進步的國際化大都市，我當然也想去瞧一瞧，還有就是大陸的消費，基本上比台北便宜，較符合不是貴婦嬌嬌女等級的婦孺三人組。

既然地點決定了，很自然要告訴小朋友上海的地理位置在哪裡？這個工作很簡單，上網找，或是買一張地圖就解決了。

現在台灣各大書店，對於大陸各主要城市，多有發行地圖，一張報紙大小的地圖80元，上海市街圖一覽無遺，但因中國大陸實在太大了，光有一張上海市地圖，還是無法讓小朋友知道上海在地球上的正確位置，這時候，找一個地球儀或中國地圖，都可以一解困惑。

指著中國地圖，我告訴小朋友，台灣在這裡，上海在台灣的西北方向，澳門在台灣的西南方向，我們要從台北飛澳門，再從澳門轉機到上海。

小朋友看著地圖，也指了指說，為什麼不直接從台北飛到上海，這樣不是比較近嗎？

哎！事涉敏感的政治問題，只能和小朋友說，國父孫中山先生曾說過，政治是管理眾人之事，搭飛機，也是眾人之事，那是要由當政者決定的。沒有飛機航線直接飛上海，轉機，還是可以到的。

上海、澳門、台灣
■ 上海地理位置：

上海位於北緯31.14度，東經121.29度，地處長江三角洲前緣，東瀕東海，南臨杭州灣，西接江蘇、浙江兩省，北界長江入海口，正當中國大陸南北海岸線的中部，交通便利，腹地廣闊，是一個良好的江海港口。面積6340.5平方公里，人口1600萬人，是2010年世界博覽會主辦城市，主題：城市，讓生活更美好。

小朋友問：「有上海，那有沒有『下海』啊？」老媽子只知道「下海陪酒」，還真的不曉得有沒有「上海、下海」呢！一時之間被問傻了，只好說：「我們上網查查吧！」結果答案是：還真的～～有的。原來上海原本是沿吳淞江（蘇州河）發展，兩岸以「浦」為聚落，共有十八個，下海，即是目前所稱的「下海浦」，今虹口區海門路一帶，有座出名的海神廟。而這個問題在幾十年前，毛澤東也同樣問過呢！

■ 澳門地理位置：

澳門位於北緯22.14度，東經113.35度，位於中國廣東省東南沿海的珠江三角洲，北回歸線以南，與香港相隔60公里，船程約一小時，總面積有26.8平方公里，北面的關閘，與廣東拱北相連。面積27.3平方公里，人口46萬人。

■ 台灣地理位置：

台灣位於北緯23.1度，東經121.5度，處於亞洲大陸邊緣和西太平洋之間，東臨太平洋，西隔台灣海峽與中國福建省相望，南界巴士海峽，北瀕東海，是一個四面環海的島嶼，又處於東北亞和東南亞的交叉點，地理位置極為優越。台灣本島形狀南北長、東西窄，面積35505平方公里，人口2300萬人。

STEP3、找便宜機票

雖然是自助旅行，但相關的出國程序，最好還是請旅行社代為辦理，可以省去一些時間，例如辦護照、台胞證、訂機票等等。自己倒是可以去了解各航空公司所推出的優惠活動，稍加留意，絕對會讓你省掉不少錢。

要帶小朋友出國旅行一、二個星期，這種長假，一定只有在寒暑假，這段期間皆屬旅遊旺季，票價一定會比平時貴一些，但是為了吸引消費者，有些航空公司也會逆向操作，於此時推出廉價機票。

以婦孺三人組此番出國為例，各種消息指出，寒假期間赴大陸的機票平均上漲二到三成，平時一張12000元左右的機票，在寒假過年期間，都普遍上漲到14000～15000元，但老媽子閒來沒事就翻翻報紙的財經版或消費版，就這樣給我看到一則優惠活動的訊息：澳門航空在過年期間推出親子套票，一個大人搭配一個小孩，台北—上海的來回票價是

21500元，等於一個人是10750元，這種價格遠比市價便宜許多，只不過這種套票有些限制，規定必需一個大人帶著一個小孩，且必需同班飛機、不得分開訂票，且使用期限只有寒假過年這段時間，不得延後，也不得退票。

我帶著小孩出國去玩，當然會搭同班飛機；小孩要出國玩二個禮拜，當然也只有在寒假，上班族也只有在這段時間可以搭著年節假期再多請幾天年休假；這簡直就是預知到婦孺三人組有此需求而訂的嘛！二話不說，趕快麻煩旅行社為我們訂了二套。比起其他航空公司，整整便宜了15000左右，這些錢，可以在上海吃香喝辣好幾頓呢！

便宜機票上網找

有關各種航空票價優惠活動，除了報紙旅遊版或財經版偶有刊登之外，部份旅遊網站也多有登載，例如易遊網，就能搜尋到不少訊息。
http://www.eztravel/com.tw/

STEP4、及早辦簽證

既然決定要出國旅行，相關證件能提早辦理，就儘量提早辦理，因為老媽子就經歷了一場差點去不成的天人交戰期。

辦理護照和台胞證大約各需要4個工作天，老媽子早早就帶著孩子去拍照片，再將各種相關證件逐一送到旅行社，這些工作大約二個星期前就完成了，就在小朋友和老爺子的台胞證都OK之際，在行前前五天，老媽子突然接到旅行社的電話，指稱需要我在上海的確切居住地點和聯絡方式，大陸方面需要再確認，因為我的職業是記者。

真的是共產黨國家，記者也有私生活，記者也有私人休假，趁著過年假期，帶小朋友出國，沒有任何公務，也要多些繁雜的手續。算了，機票都訂好了，大家的台胞證也都OK了，就別當一回事，掃了大家的興，他們要什麼，就給什麼吧！

該給的，都給了，這下應該可以了吧！隔兩天再向旅行社詢問，得到的答案是，還不知道。天哪！距離除夕只剩二天，若在除夕前一天還沒拿到，那走得成嗎？況且我的送件時間，也已超過標準的四個工作天。

這下，我開始慌了，原本規劃好要準備的東西，都暫時停擺，因為上海天氣冷，原本要多買幾雙毛襪、毛衣的計劃全部停止，要多買一個行李箱的念頭，也趕緊打消……，除了等待，就是無止境的坐立難安。

在台胞證還沒有下來以前，什麼事也做不成，也不想做，就像運動場上的接力賽跑，所有人都就定位了，裁判也鳴槍起跑了，前面的幾位選手都逐一大步跨出起跑線，盡最大力氣衝刺到下一段，交棒給下一位起跑者，但輪到我時，卻突然腳抽筋，看著跑者將短棒交給我，我卻始終只能停在原地，動彈不得。

我的心情大受影響不說，連小朋友也都不知道該如何是好，且因購買廉價套票的關係，如果去不成，套票是不能退的，那損失不是更大？即使要延後出發時間，過年期間，一位難求，一口氣要多出四個位子，那簡直就是緣木求魚，且套票有時間限制，又能展延多久？想著想著，愈想愈煩，不想又不行，全家人的心像出竅般懸掛在空中，晃呀晃地，極度不安。

唯一能做的，似乎就只剩下祈禱了，小朋友約好每天睡前，誠懇地祈求媽咪的台胞證過關。姊姊自己有e-mail信箱，同學傳了一篇文章給她，說若能再將這篇文章傳給十個人，就能心想事成，結果她真的努力地傳給了十個人，其中一個是她的媽。

其實，我也常收到這種信，一般而言，我都將之當成垃圾郵件處理，但是那天收到女兒傳來的這封e-mail時，我的EQ似乎也降低到和小學生一樣的水平，竟效法小學生的行為，再

祈禱　終於到了上海，在城隍廟的許願樹掛上我們的心願，彩帶還是晃呀晃的！

努力地傳給十個人。

　　還有人看著我鎮日愁眉苦臉的，乾脆教我唸起西藏咒語「嗡嗎咪唄咩吽」，說遇到疑難雜症時，一天唸108遍，可以化險為夷……。

　　就差沒人告訴我，哪座廟宇神壇的神明或乩童很靈，讓我吃幾帖香灰符水，就能順利拿到台胞證了。

　　不過呢！我還真的給祂天天唸了108遍咧！

　　直到除夕前一天上午9:10，旅行社打電話通知，我的台胞證下來了，現在可以過去拿。

　　太神奇了，女兒們的祈禱奏效、e-mail的好運發揮功力、我的西藏咒語印驗，真的太神奇了，只是真的沒時間再去分析到底哪一種最準，趕緊去拿台胞證，那才是當務之急。

　　驚天72小時，台胞證拿到手了。

謝天謝地，也謝謝穗穗！

在此要謝謝幫我代辦出國業務的嘉華旅行社，天天被我的電話攻勢煩到不行，我幾乎每個半天或幾個小時，就會打電話詢問最新進度，逼得他們也不得不跟著我緊張兮兮，還好，一切圓滿；特別感謝被我騷擾了72小時的穗穗小姐和MAGGIE，真是不好意思。

不趕作業‧不趕行程
小朋友寒暑假作業能做就做，要不然就帶出
國邊考察邊寫心得，這是我們家的作風。

STEP5、寒假作業要先做

　　不管是寒假或暑假期間帶小朋友出國旅行，
最重要的前提就是不能擔誤功課，所以寒暑假
作業，最好在出發前，利用時間完成。

　　以2006年寒假為例，共有三個星期的假
期，我們安排的旅行是在後二個星期，因此一
定要逼著小朋友在第一個禮拜就將寒假作業完
成，沒有壓力之下，旅行起來會比較沒有後顧
之憂，否則邊玩還要邊惦記著作業沒寫，那很
掃興的。同理，如果是在暑假期間要帶小朋友
出國旅行，也一定要將暑假作業提早完成，或
者和孩子約法三章，將適合的單元規畫在旅行
途中完成。

　　根據我的經驗，現在小朋友的寒暑假作業
中，或多或少都有一、二篇作業是要記錄旅遊
心得，因此這部份不妨可以跟著行李箱，在旅
行過程中，騰出一、二個晚上時間，和小朋友
一起做作業，就不必等到回國之後，再趕呀趕
的，影響到品質。

STEP6、搜尋相關資訊

既然是自助旅行，就是沒有人幫你，什麼都要自己來，所以行前的資料搜集和準備工作就非常重要，否則要到一個人生地不熟的國家混一、二個星期，資訊不足，會讓人前途茫茫的。

生活在台灣這個民主自由、資訊爆炸的社會真是好，打幾通電話、敲敲幾個鍵盤，或是到書店逛一逛，你想要的資料，要什麼有什麼。

我就利用周末假日時分，帶著孩子到書店，從一大片的旅遊書牆中，找到幾本有關上海的旅遊書籍，有空時，也會和孩子們坐在電腦桌前，一起上網搜尋相關資料，特別是適合小朋友參觀的地點，我們都逐一瀏覽，這些工作都是行前的homework。

就在和小朋友共同找資料及閱讀的過程中，我會發現，二個小朋友想要看的東西，有相當程度的差異。我拿著同一本旅遊書，讓兩個小朋友勾選，姊姊想看的景物就用紅色標籤註記；妹妹想要欣賞的景點，則用藍色標籤貼起來。結果今年暑假要升國中的姊姊，比較喜歡看一些建築景觀，例如外灘、東方明珠、老建物改裝的餐廳及大型書城，唸四年級的妹妹就偏好看炫麗的夜景、海洋館和部份古蹟。

這種感覺，很像一種性向測驗遊戲，藉由喜歡的景物來探索內心世界，平時姊姊就比較喜歡佈置自己的房間、DIY和看書，所以有特色的建築物和一張上海書城的圖片，就會受到她的青睞，促使她撕起一小截一小截的紅色標籤，明白地告訴我，這些是不可忽略的景點；妹妹是中年級生，心智發展都還算小朋友，因此被貼上藍色標籤的部份，多以具有聲光效果為主。

當然也有姊妹倆共同喜歡和都不喜歡的景物，例如吸引大人味蕾的美食，倆姊妹全看不上眼，還頻頻問我，上海有沒有麥當勞、肯德基？室內滑雪場是姊妹倆的共同最愛，因為這項運動，在台灣沒有，姊妹倆想試試看，穿雪鞋、滑雪蹺、拿雪杖的感覺，去體驗滑雪選手從高處往下滑行的刺激快感。

不管怎麼說，一張張紅藍標籤紙，就像是她們自己織成的心靈地圖，一張無可取代的旅行地圖！

上海四季飯店中庭

在遍覽相關的資料當中，一定要自行分類，否則打出「上海」二個字，可能出現上百萬筆資料，一時之間會不知從何找起。

這個分類的工作並不難，只要就幾種一定會碰得到、鐵定需要的項目去進行，就可以很容易過濾掉其他不需要的雜項，進而找到自己需要的部份。我的經驗告訴我，自助旅行不外乎就是食、衣、住、行、育樂，這五大項解決了，行前工作就只剩打包這一項了。

食：

幾乎每一本旅遊書，都會介紹當地美食，所以不需太過擔憂，而且以老媽子年輕時從北半球玩到南半球，再從東半球玩到西半球的經驗，走到哪吃到哪、玩到哪吃到哪，除了隨性之外，還可以自行發現不一樣的美食，那是一種不用被美食書牽著鼻子走的新發現，也是很

不錯的。最重要的是，絕對不要讓肚子餓著。

衣：

衣著的部份，要視天氣而定，特別是還帶著小朋友，就要更加注意到保暖與否，否則不小心感冒了，那真的很麻煩。所以出發前一、二星期，就要開始留意當地的天氣。

台灣的媒體，對於世界各大城市的天氣預報資料，都掌握的相當精確，可做為參考，像過年期間要去上海，我從出發前兩個星期就開始留意，結果我發現當地氣溫多在2-7度之間，這樣的數據，就是在提醒我要多帶好幾件保暖衣物，免得凍著了。

住：

自助旅行當中，最成問題的問題，大概就是「住」這一項了，到一個陌生的地方，東西南北都還搞不清楚，就要找到住宿的地方，的確不容易，特別是還帶著小朋友和行李，實在不可能「到了再說」，這一部份，最好在出發前就安排好。

一般而言，旅行社和當地飯店多有合作關係，只要將你的需求告訴旅行社，一定能搞得定。

老媽子的一貫作法是，可以先請旅行社預訂第一、二天的住宿地點，出了機場之後，就可以直接搭車前往，先將行李卸下來，讓隨身物件稍微輕鬆一些，及以這個飯店為據點，利用一、二天的時間，了解附近的交通狀況、地理

上海可以吃得很精緻，中西餐應有盡有。

環境之後，再做進一步的盤算；好處是，可以讓自己省掉找住宿地點所需花費的時間和力氣，好好睡個覺，畢竟搭機、轉機的過程也挺累的，睡眠不足的話，是沒有體力繼續第二天的自助遊。

有了一個據點和稍微了解當地的狀況之後，就可以視情況進行調整了。

也許你發現飯店距離市中心或地鐵站都太遠了，交通不方便；或許你在附近發現，同樣等級的飯店，距離地鐵站多個幾步路，但價錢卻差好幾百塊……等等，你都可以利用這一、二天的時間調整，不一定要繼續住下去；或許在經過比較之後，你發現旅行社代訂的飯店物美價廉，願意再繼續住，那也可以到櫃台再行交涉，告訴服務人員，你要多停留幾天，也許會給你多一點的折扣。

在上海，各等級的飯店都有，所以價格差異極大，可以視經濟狀況進行選擇，很多朋友向老媽子推薦一家「上海MOTEL168」的連鎖旅店，價格就是人民幣168元，房間很乾淨，基本的配備都有，而且價格便宜，即使是兩張床的家庭房，價位也才人民幣268元，折合台幣約莫一千出頭，很划算；加上它是連鎖旅店，在上海有好多家，可以視自己所在位置做選擇。

由於上海已是一個國際都市，很多外商公司多派員進駐上海，或是做短期居留，因此有一種「酒店公寓」蘊育而生，這種公寓眞的就像個家庭，除了房間之外，還有客廳和廚房，可以讓人很自在地生活在上海。這種酒店公寓的價位，平均一天是人民幣350～450元之間，比旅店貴一點，但絕對比高級飯店便宜許多。

當然，如果經費充裕，五星級飯店在上海多的是，任君選擇。

老媽子找到一個不錯的網站，詳列了上千家飯店的資訊，包括高級飯店、旅店、酒店公寓等，提供給大家做個參考。

中國訂房聯盟：
http://www.cba-hotel.com/

行：

上海的交通四通八達，搭捷運、公車、計程車，都很方便，即使要到其他城市，搭客運車、火車也都很便利。

如果你會搭台北的捷運，到上海就完全不成問題。台北稱捷運，上海稱地鐵，老媽子在上海問人家：「請問距離這裡最近的捷運站在哪裡？」聽得人家一頭霧水，「ㄏㄚˊ」地，完全不知道你在問什麼。

上海的地鐵，目前有六條線，起跳價是人民幣3塊錢，折合台幣是12元，最遠也不過5塊錢，是最省錢、省時的交通工具。

我們說搭公車，他們說「公交」，就是公共交通車，但實在不雅，這讓我想起一些有趣的

簡稱，就是我們的公平交易委員會，這是一個隸屬於行政院的機構，主要在處理有關消費糾紛或消費爭議事務，由於全名叫「行政院公平交易委員會」，名稱實在太長了，所以取了一個簡稱，就叫「公交會」，這個名稱出現之後，立即引起熱烈討論，社會大眾普遍認為「公交」實在太難聽了，每天在那裡「公交」、「公交」的，怎麼講都尷尬。

連「公交會」的員工拿個名片出去，都會受到異樣的眼光，結果沒多久之後，就鄭重宣布，「公交會」即日起改成「公平會」，不再使用「公交」了。

沒想到，台灣沒了「公交」，有了「公平」，到了上海，卻處處聽得到「公交」、「公交」的，逃都逃不掉。

上海市區的交通工具

上海名稱	台北說法	價格		評比
地鐵	捷運	最低人民幣3元，最高5元		★★★★★
公交車	公車	每人人民幣1元		★★★
打的	計程車	起跳價人民幣10元		★★★★
		（4公里以內），之後每1公里人民幣1元。		

PS：人民幣與台幣的換算匯率約為1比4。

打D

南來北往，什麼交通工具都用上了，
小朋友最愛的還是：打D（豬）。

上海的「公交車」路線達上百條，會讓人眼花瞭亂，除非鄰近的一、二站，二、三站的距離，否則光了解路線圖和搭車地點，就夠讓人花上大半天的時間，並不適合僅做短期停留的觀光客。

上海「公交車」的車資是一個人1塊錢，折合台幣約4塊錢，不分大人、小孩；台北市的公車是大人15元、小孩12元。

上海的計程車真便宜，這大概是每一位台灣旅客到上海最歡欣鼓舞的事，隨手一招，「ㄉㄧ」就來了，坐了二十分鐘、半個小時，也不過人民幣20元左右，折合台幣大約80元，比起台北，真的便宜很多。

哦！我隨手一招的「ㄉㄧ」，不是「豬」的台語，而是「的」，大陸說搭計程車叫「打的」，台語說「豬」是「ㄉㄧ」，「打的」、「打的」，讓小朋友衍生出「打pig」、「打pig」，每每說到要「打的」，結果都是先大笑一頓再說。

上海的計程車司機們，如果你不小心看到這篇文章，千萬不要有任何誤會，純屬巧合，所謂「無巧不成書」，沒有這麼巧合的事，我怎麼寫書呢！

育樂：

　　如果就只有老媽子一個人來上海，我的育樂活動，大概就是逛遍每個shoppingmall，或是街頭巷弄裡的小店及吃遍全上海，但偏偏帶了二個小孩，外加一個只動口、不動手的老爺子，老媽子的育樂活動，就不得不做個調整，這部份的行程，真的就只有自助旅行可以完成，一般跟團出遊的旅行社絕對不會做這樣的安排。

　　小朋友愛死那個黑白分明的熊貓了，所以一定要到野生動物園去看一看熊貓吃竹子的可愛模樣；小朋友哈滑雪哈到恨不得戶外氣溫驟降到零度，所以要去滑雪場；還有不能光只停留在「玩樂」，必需要有「教育」功能，此行才有意義，所以要到上海科技館，這裡可是2001年亞太經濟合作會議（APEC）的舉辦地點。

　　看到這裡，不要以為老媽子多溺愛小孩，處處以她們的觀點為主，才不是咧！既是「婦孺三人組」，有孺，當然也有婦，有小朋友愛去的地方，當然也要有老媽子愛去的點，這樣才叫公平，「婦孺」約法三章，一天聽小朋友的，去看小朋友喜歡看的；一天聽大人的，去看大人喜歡看的。就這樣，一天大人、一天小孩，我陪她們看熊貓，她們陪我逛新天地，彼此跨出代溝，童叟無欺，非常非常的公平。

　　至於那個「老爺子」，他說，反正他是跟著來的行李搬運工，他沒異議。

APEC

APEC即亞太經濟合作會議的簡稱，（Asia Pacific Economic Cooperation），成立於1989年，目前共有21個會員體。

APEC是一個以經濟性質為主的國際組織，會員幾乎涵括整個亞洲與太平洋地區，會員係以經濟體而非以國家的名義加入，以經貿為主軸，是一個不具法律拘束力的合作論壇，台灣即是APEC的會員之一。

被我們叨擾半個月的兩個上海台媽。

STEP8、在外靠朋友

　　所謂在家靠父母、出外靠朋友，這句話真是至理名言，婦孺三人組此次上海行，靠得就是朋友鼎力相助，不僅讓我節省了很多銀兩，還玩到旅遊書上沒介紹的地方和吃到旅遊書上鮮少提及的道地老饕料理。

　　受到兩岸交流日漸頻繁的緣故，周遭的親朋好友當中，或多或少都有人去過中國大陸，或是到大陸工作、投資，對於想要自助旅行的婦孺三人組來說，這是一個最好、最直接的詢問管道。

　　當我向一位隨老公赴大陸經商的朋友詢問，上海很冷，要怎麼穿比較好？她說，身處在亞熱帶的台灣，實在感受不到那種刺骨寒風，那種讓人冷到骨子裡去的冰冷。另一位朋友說，

除非你長期住在合歡山，否則絕對體會不到那種冷。他們建議我，要讓小朋友穿絨毛褲，裡頭再穿褲襪和毛襪。

　　真的耶！幾出浦東機場，那種寒風，比台灣的寒流來襲時還冷，隔天的氣溫，還降到零度，好在有朋友的建議，讓我們可以安然生活在零度下的上海。

　　還有住的問題，婦孺三人組就是靠這些朋友，省下了一大筆住宿費。

　　話說打從決定要到上海開始，我就開始與在上海的朋友們聯繫，請他們推薦幾處地點適中、整潔乾淨，且價格不貴的旅館，詢問了二位，他們一致推薦先前提到的「上海MOTEL168」，顯見在台商眼中，這家旅店多受歡迎，就在老媽子請朋友代訂的同時，也就在出發前二個星期，一位許久不見的朋友剛從上海回來，一聽到婦孺三人組要到上海，二話

不說，就叫我們去住他家，細問之下才發現，原來朋友的媽媽眼光獨到，在上海經商成功，幾年前投資了幾棟房子，自己留一棟自住，其餘出租。

巧合的是，其中有一位屋主剛好退租，下一位屋主又要過二個月之後才會住進來，中間剛好有個空窗期，朋友說，反正空著也是空著。正當老媽子還在猶豫要不要叨擾人家、會不會不好意思的同時，朋友就將鑰匙拿給我了，這下，真的不住都不行。

除了大恩不言謝之外，老媽子還感恩般地對著朋友說，我會將屋子打掃得整整齊齊、乾乾淨淨，同時幫你看家。

這位朋友竟然回答說，小姐，別了吧，那裡的「阿姨」一小時人民幣8元，請他們打掃一下就OK了，你就好好玩吧！

真的，你能不痛哭流涕嗎！

奉勸所有人緣好的人，一定要再加緊廣結善緣，多交幾個好朋友，真的好好用；也奉勸所有人緣不是很好的人，趕快改一改自己的臭脾氣、壞毛病，也趕快去多結交幾位好友，真的，在外靠朋友，拿了那把「上海之鑰」，即使「上海MOTEL168」再經濟實惠，也實惠不過免費的。

然而，在我心底，這是最無價的，是任何金錢都難以估算的情誼。

在向朋友拿鑰匙那天，我帶了小朋友過去，讓小朋友也和這位美麗的Rita阿姨說聲謝謝！

又省了住宿費，你說，婦孺三人組說有多期待趕快出發，就有多期待，恨不得飛機也別搭了，能夠在肩膀上插雙翅膀，直飛，那有多好、多快。

想太多了。

STEP9、紙上談兵

當所有的虛擬作業，都準備了差不多之後，剩下的就只有整理行李這一項了。但在付出實際行動整理行李之前，可以先來個紙上談兵。

平時在國內旅行，因為同在島上，行李箱裡缺了什麼，反正都在台灣，哪裡找得到、哪裡有賣，大致都問得到、買得到；但是到了陌生的國度，又從來沒去過，即使語言相通，但氣候、環境、生活習慣都不同，所需要留意和攜帶的東西，就要更加注意了。舉例而言，上海天氣冷，衣服可以一件一件加，但臉還是要露出來，沒得加的，椎心刺骨的寒風一吹，如果不保養，臉上的皮膚一定會凍出兩塊紅咚咚的燒餅，就像中共樣板戲裡，演員模仿文化大革命時期的紅衛兵一般，腮幫子一定畫上兩塊紅紅的圈圈。

小孩子的皮膚薄，最容易出現這種凍傷般的紅腫；走在上海街頭，常常可以看到小朋友紅著兩塊腮幫子，那不是彩色顏料畫上去的，而是被寒風刮呀刮地刮出來的，仔細一瞧，都快乾裂出一條一條的傷口。

所以，老媽子的作法是，先來個「紙上談兵」，即早在出發前二星期，就將一定要帶的必需品明列在紙上，再隨身帶著，走到那裡，看到什麼，想到什麼，便逐一列上去，這種作法，可以將風險降到最低。直到出發前一、二天，再將單子上列出的物品，逐一整理好後，再放入行李箱。

就像我舉例的防止凍傷問題，那是我走在路上，經過一家美容診所時，看到廣告招牌上寫著「肌膚保養」四個字，突然想到要帶綿羊油或乳液，隨手將它記起來，臨上飛機前，從櫃子裡拿出來，放到行李箱就可以了。

保養小叮嚀

麥茵茲美容醫學中心院長，也是皮膚專科醫師
黃美月表示，台灣地處亞熱帶，一年到頭日曬
的氣候多，所以大部份人都只知道防曬，而不
知如何防寒，事實上，如果保養工作沒做好，
因為天氣太冷而導致的皮膚乾裂情況，嚴重性
不會亞於曬傷。特別是小朋友，因為皮膚較為
細嫩，更輕忽不得。

黃美月醫師指出，冬天在溫帶或寒帶的地方旅
遊，早晚一定要擦保濕性很強的乳液或菁華
液，最好是霜狀的，如凡士林等等，效果會更
好，因為液狀的保濕產品，含有較多的水份，
保濕性比較容易流失。

此外，嘴唇也是很重要的一環，除了塗抹護唇
膏之外，也要再擦上一層類似凡士林的乳狀保
濕品，才能防止乾裂。

STEP10、換美元

出發前，「換錢」這件事是很重要的，因為每天用的新台幣，一出了國門，可能就會變成廢紙，完全不能使用。

要拿新台幣到銀行換美元這件事，老媽子看來稀鬆平常，這不就是出國必要的程序嗎？除非有人送你一大疊美元，老媽子可從沒接過這種從天上掉下來的禮物。

小朋友可新鮮得很呢！直說要和我去看一看。

找到一家可以兌換外幣的銀行，看著告示牌上寫著的美元兌換率，一手交錢、一手交貨，新台幣換成美元，一下就搞定了。

不過，這時候，小朋友的問題來了，而且是一個接一個，首先，她們要問：「我們又不是要去美國，為什麼要換美元？」再來，「為什麼一塊錢美元，可以換三十幾塊錢的台幣？為

什麼不是三塊、四塊？」

拿到好幾張面額100的美元之後，問題還沒結束，「鈔票上的人頭是誰？」

老媽子雖然當了十幾年記者，但也非萬事通，加上對數字這玩意，向來就是個數痴，這一連串全與數字有關的題目，真的，把我考倒了。不過，老媽子秉持著活到老學到老的精神，向無數相關人等不恥下問及四處找資料，終於可以回答她們的問題了。

只是在詢問的過程中，我發現，和我同年紀的人當中，一半以上的人都答不出來，顯然這幾個問題，已經可以列入「艱深」行列了。當我也搞懂了之後，又加深了我對旅行的註解，旅行，是種雙向的成長、互動，小朋友藉由旅行探索知識，我又何嘗不是呢！

我試著用更顯淺的形容詞，讓小朋友明白，希望她們真的聽得懂。

外幣&匯率

Q：又不是要去美國，為什麼要換美元？

A：美元是目前全世界流通最廣的貨幣，當然你也可以換歐元或英磅、日幣，在任何國際商銀都可以兌換成當地貨幣，只是對我們習慣美元計價的台灣來說，可能較不方便而已！

Q：為什麼一塊錢美元，可以換三十幾塊錢的台幣？為什麼不是三塊、四塊？為什麼不直接換人民幣？

A：這就是所謂的「匯率」，外匯買賣是以一種貨幣購買另一種貨幣。這種由一國貨幣所表示的另一國貨幣的價格，就稱為匯率或匯價。各國的匯率制度主要有兩種，即固定匯率制和浮動匯率制。固定匯率制是把本國貨幣對其他貨幣的匯率加以基本固定，波動幅度限制在一定的範圍之內；而浮動匯率制是指兩國貨幣之間的匯率不由貨幣當局規定，而是由外匯市場的供需機制決定。

Q：100元美鈔上的人頭像是誰？

A：班傑明・富蘭克林　（Benjamin Franklin）(1706-1790)，他是美國全方位的領導人物，許多學者稱他是「美國的聖人」、「美國革命之父」。

同時他也是18世紀美國啟蒙運動的開創者、實業家、科學家、作家、政治家、外交家及美國獨立革命的領導人之一，他曾協助起草及修改「美國獨立宣言」，堪稱是美國最偉大的人物之一。

動動腦

同時再出二個聯想題，親子一起來動動腦？

1.台幣100元上的人頭是誰？

2.人民幣100元上的人頭又是誰？

標準答案：

1.國父孫中山先生。

2.中華人民共和國前國家主席毛澤東。

PS：還好，我們不是去非洲的馬達加斯加，否則她們如果也問我同樣的問題，有誰知道答案啊？

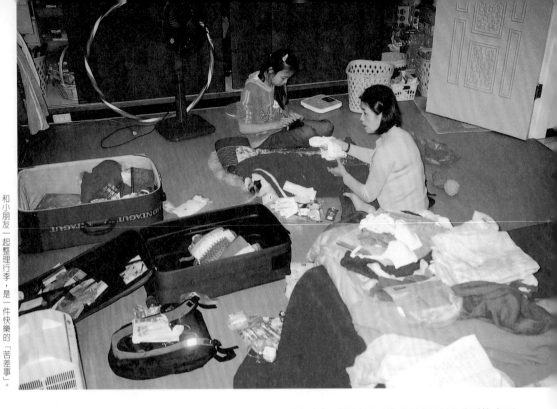

和小朋友一起整理行李，是一件快樂的「苦差事」。

STEP11、整理行李

經老媽子長期以來的訓練，小朋友們早已練就出自己整理行李的功力，即使連學校的戶外教學，或是在外住宿的校外旅行，她們也都可以自己打理所需攜帶的東西，還仔細到連撲克牌都不忘帶著。

現在要出國了，整理行李的勞力工作，當然小朋友也要一起動手，我們拿出那張寫好的清單，一一將東西從各個櫃子裡拿出來，再一一放到行李箱裡。這應該可以算是最精確，又最有效率的整理行李法則了。

就在整理的同時，也千萬要記得，有些東西不能放在行李箱裡，一定要隨身帶著或準備著。像護照、台胞證、錢，還有一樣最會被忽略，又可能緊急用得到的—衛生棉。

相信所有當媽的人都一樣，自己沒關係，小孩子忽略不得，所以小孩該穿什麼、該帶什麼，一定是列入最優先項目，自己的東西就儘

量而為，結果反而常常遺漏了最重要的東西，碰到緊急狀況時，連個後路都沒有。我的一位朋友，就是因為這樣，在上海浦東機場像尼姑化緣一般沿路托缽，請施主施捨衛生棉。

我這位朋友的先生是台商，在大陸生意做得不錯，她遂帶著小孩到大陸當「台媽」，所謂「台媽」，就是台灣來的媽媽，主要工作是照顧老公、陪小孩上學。有一次全家要從上海回台灣，怎知上海浦東機場氣候條件極差、大霧籠罩，所有航班大亂，她所搭乘的班機要延後三個小時才能起飛。

偏偏在這個時候，好巧不巧，「大姨媽」提前來探親，行李又已托運了，怎麼辦？朋友心想，浦東機場那麼大，誰怕誰，她的「大姨媽」和她交心了二十幾年，彼此關係好的很，就買吧！

但是這個「大姨媽」帶來的「液體禮物」實在太多了，朋友很擔心「滲水」，所以她提肛、縮小腹，像做瑜珈的骨盆肌運動般，雙腳夾緊一點，一路憋著氣走到免稅商店去購買防

漏用品。

浦東機場真大，免稅商店一、二十家，販賣的東西從絲綢、茶葉、拖鞋、巧克力、衣服、帽子……什麼都有，當她辛苦地提肛、縮小腹，一家店逛過一家，整圈逛完之後才發現，浦東機場沒有賣衛生棉。

在這個緊要關頭，她也顧不得形象了，找了一家賣禮品的免稅商店，先是裝成顧客要買東西的樣子東摸摸西看看，最後不得不硬著頭皮，將一位服務員拉到牆腳邊，輕聲地問她：「有沒有賣衛生棉？」有趣的是，這位服務員看她躡手躡腳地，也和她玩起情報員遊戲，也鬼鬼祟祟地把她拉到倉庫邊，發出像氣音般的語調和她說：「機場沒有賣衛生棉，但我可以給妳一個應應急。」

我那朋友拿到這塊「中央黨部」，簡直如獲至寶，感動到差點想加入共產黨，回過神來再想一想，如果飛機上也沒有衛生棉，一塊是不

夠的呀！這個時候，她再逛到貴賓室，一看到服務員，又偷偷地、交頭接耳地問她：「貴賓室有沒有提供衛生棉？」

得到的答案還是，「沒有。」但服務員又補充了一句：「我身邊有幾片，可以送妳一片，上次有個外國女孩也是這樣。」我那朋友又感動到更想加入共產黨。

事後想想，如果將「中央黨部」隨身帶著，就不會發生這段「化緣奇談」了，否則，可能連小朋友的幫寶適都要派上場了。

STEP12、出發了

待一切就緒後，就帶著一顆快樂的心，等著登機了。切記出發當天，要提早出門，哦，因為高速公路是很會塞車的。

第三章

親朋好友的耳提面命

西湖三奇

孤山不孤、斷橋不斷、長堤不長，好友們良心建議一定要順道遊蘇杭，否則第四奇肯定是：該到不到。

第 三 章
親朋好友的耳提面命

當親朋好友聽說，我要帶小朋友到上海自助旅行，很多人都會有一些疑問，有人說：「好好哦，上海很棒。」也有人說：「上海有什麼好玩？」反應很兩極。

這種情形，很像在台灣看到的大陸妹，社會新聞經常報導哪個大陸妹來台嫁給老榮民，結果把老榮民的積蓄騙光光，還拿這筆錢去養小男朋友；另一種極端的情況則是，大陸妹嫁來台灣之後，受盡總總虐待。

有好、有壞。

提出各種耳提面命的親友們當中，有人去過，有人沒去過，還有位九十幾歲的老先生，早年曾受到共產黨迫害，一直重覆告訴我：「小心啊！共產黨好可怕。」說得我心裡毛毛的。

不知去過幾次的朋友卻說：「放心啦，你會愛死上海，生活機能比台北還好，安啦！安啦！」

說真的，還沒去之前，我也不知道，都只是聽到別人的片面之詞，或是媒體及網路上的資訊。但是，你可以肯定一個事實，兩岸交流頻繁不已這件事，絕對是真的。

吃不到的巧克力
小朋友在外灘老建物的時尚櫥窗裡發現的ARMANI巧克力,台灣從沒見過,看得
她們直流口水,奔相走告,等我一問標價,嘩,只好建議她們:繼續流吧~

穿不下的繡花鞋
東台路古物攤架陳列的三寸金蓮繡花鞋,讓小朋友突然頓悟:「還好現在有運動鞋。」不過,沒走幾步路,她們又突發奇想:「有沒有穿繡花鞋的Hello Kitty?」

行前，朋友們的「耳提面命」，多到要增加一只行李箱裝起來：

Q：上海有什麼好玩？

A：沒去過，去看看嘛！最起碼說國語ㄟ通。

Q：二個星期全待在上海？

A：帶小朋友旅行以輕鬆方便為原則，如果也要一個點趕過一個點，那就跟旅行團走就好了，還幹嘛自助旅行。

Q：冬天的上海很冷耶！

A：最好冷到下雪，看雪景。

Q：小孩子到上海能看什麼？

A：看上海。

Q：可以帶小朋友到動物園看熊貓？

A：她們會愛死。

Q：上海的小朋友很沒有禮貌？

A：那就讓上海的小朋友看看台灣來的多有教養。

Q：上海本幫菜又油又膩，小心回來胖一圈。

A：一定要先請教好減肥醫生，該如何控制飲食。

Q：小朋友抵抗力差，不小心感冒生病了怎麼辦？

A：呸、呸、呸，我還沒出發咧，別咀咒，好嗎？

Q：老公呢？

A：本來不想讓他跟的，但他千拜託、萬拜託，婦孺三人組最後舉「頭」投票讓他跟。

Q：家裡怎麼辦？

A：找老弟幫忙看家，回來買個禮物做答謝禮。

Q：公婆同意讓你帶小朋友去玩哦？

A：編個善意的小謊言，說機票是尾牙抽獎抽到的，不去就浪費了。
（才怪，公司尾牙哪有這種好ㄎㄤ）

Q：帶小孩出門在外，小心點哦！

A：謝謝！

Q：多拍一些照片回來，讓大夥瞧瞧！

A：一定、一定，多到讓你們看到眼睛脫窗。

就這樣，帶著林林總總的祝福、叮嚀與未知，婦孺三人組外加那個跟班的老爺子，帶著二只大行李箱，大年初三，天還沒亮，婦孺三人組離開家門、國門，勇闖天涯去囉！

第四章 凍凍樂

不可思議
的棉花糖

吃過台灣各式各樣的棉花糖，小朋友從沒見過這種圓得不像話的棉花糖，還一直研究是怎麼磨出來的⋯⋯

第四章
凍凍樂

一、有凍感、無動感

一出浦東機場，上海的寒風真會把人給凍住了，這種天氣，台灣一年365天絕對碰不到，即使住在合歡山上，也要等到寒流大駕光臨時，才會遇到這種零度的低溫，真的，好冷、冷到椎心刺骨、冷到痛徹心扉、冷到直打哆嗦、冷到唇舌齒寒、冷到⋯⋯不知所云。

原本在飛機上還盤算著要去搭乘號稱全世界最快的磁浮列車，小朋友也都高度期待地要去體驗那種高科技的快感，但冷到這種程度，還拖著二大箱行李，什麼磁浮列車、什麼快感，全沒了，婦孺三人組及老爺子，只想趕快「解凍」。

台北來的大媽、大爺是不會讓自己太狼狽的，「打的」吧！揮手招來計程車，給司機地址，趕快將我們載到住的地方再說吧！

坐在開有暖氣的車子裡，舒服極了，這種溫度，可以讓人擺脫「凍」感，恢復平時生龍活虎般的動感，開始逐一瀏覽上海的一景一物。

從浦東機場到市區這一段路，大概和我們從台北到桃園中正機場的距離差不多，都在高速公路上行駛，道路兩旁景觀極其單調，還有大片的土地等待開發，同樣也和台灣的高速公路一樣，廣告T霸一支接一支，盡是一些汽車、房地產廣告。遠遠看到高樓大廈林立，一棟一棟30、40層高的大樓，像海市蜃樓般地浮起於陸地、又像綠洲般地出現在沙漠邊緣，我知道，其中有一戶，就是婦孺三人組及老爺子暫時的落腳處。

一直到快接近市區的快速道路上，有一幅廣告把我震住了。那幅廣告是長條形，長度約一百公尺，分成三大片浮貼在高架道路的隔音牆上，廣告上秀出一條鑲滿鑽石、寶石的項鍊，那是義大利知名品牌寶格麗（BVLGARZ）珠寶的大型廣告，我在台灣還沒看過BVLGARZ有這麼大的製作。

上海時代廣場夜景

二、 暫時的家

朋友的房子真不錯，是位在中山公園附近的一棟大樓，據說，是前些年她媽媽在上海投資房地產買的，沒想到才二、三年的光景，這裡的房價已翻了好幾倍，連她都很佩服媽媽的投資眼光。

我住的地方位在36樓，是棟40層高的住宅大廈，這種大樓在上海多到數也數不清。這間屋子原本也是租給台灣人，三房二廳，還有廚房、陽台，天氣好的時候，可以看到上海的地標—東方明珠塔，view非常好。樓下就是地鐵站、公車站，有STARBUCK咖啡、百貨公司、大賣場、飯店，還有各國美食料理，想吃什麼就有什麼，連台灣來的「永和豆漿」，拐個彎，大約十分鐘就到了，真的很方便。小朋友們也非常非常的高興，因為她們看到對面有麥當勞、肯德基和mister.Donut，就是在台灣要排隊排到爆的甜甜圈專賣店。

看到這樣的居家空間，我真的又想起那句話了，出外靠朋友，有好朋友真好。

（右）上海暫時的家。
（左）上海有現代的摩天樓，也有老弄堂。

不過呢！因為房客已經退租的關係，所以屋子裡沒有棉被、沒有電視、也無法上網，即使我帶了筆記型電腦，也徒嘆英雄無用武之地，僅剩儲存大量照片的用途。

廚房，當然也是空空的，柴米油鹽醬醋茶，每一樣都缺，正因為缺，才讓人叫好，否則我們家那個茶來伸手、飯來張口的老爺子，如果突然叫我幫他來盤蛋炒飯，那可累人了，買油、買蛋、買米不打緊，恐怕連鍋剗都要買，那才叫真的麻煩；什麼都沒有，就是剛好什麼都不用做，餐餐當老外（三餐老是在外），多好，上海的美食可是享用不盡咧。

大略了解附近的地理位置、環境之後，就要為接下來的生活打點了，我們開始列清單，再逐一到賣場去採購。

上海的賣場多到不勝枚舉，住家旁邊的百貨公司，地下室就是個超市；對面還有一家「龍之夢購物廣場」，地下一樓的賣場，規模比台北的家樂福還大；若搭乘765公車，二站的距離到「華東師院」站，下車過個馬路，就是「好又多賣場」，這個賣場的規模更大。當地人告訴我，據說這家賣場，就是台灣經營之神王永慶的兒子—王文洋投資的，因為經營的不錯，已有新買主出高價準備收購。

如果將台北的物價套用在上海，你會覺得什麼都便宜，小朋友愛喝的茶裡王，台灣7-11一瓶要20元，這裡人民幣2.5元，折合台幣約10塊錢，只有一半的價錢。小朋友自己也會算，連買了好幾瓶。還有最近上海流行的「土家不

掉渣燒餅」，很像台灣的蔥油餅，但他們是用烤的，我們一個蔥油餅要25元，不掉渣燒餅只要人民幣2元，等於新台幣8元，味道香到讓妹妹連吃了2個，我的朋友告訴我，他懷疑裡頭加了「罌粟」，否則怎麼會讓人吃了一口就上癮，吃了還想再吃……。

倒是進口的東西就貴了，像STARBUCK咖啡，最便宜的今日咖啡，一杯人民幣12元，Häagen-Dazs哈根達斯冰淇淋一球人民幣25元，即使連麥當勞和肯德基，算一算，也都和台北差不多，與當地的一般民生物價相比，算是高檔貨了。

令人驚訝的是，這些高價位的現代餐廳、速食店，間間客滿，我還在徐家匯商圈附近發現，方圓五百公尺內，開了三家肯德基，每一家都人潮眾多，且來店的消費者儘是上海人。

從這些消費現象，我終於知道，為什麼BVL-GARZ（寶格麗）要在高架橋上做那麼長長的大幅廣告。

冬天的上海真的冷，但是再冷也冷卻不了小朋友想去滑雪的衝動。

三、 暖氣空調

冬天在上海，如果室內沒有暖氣，人會凍僵的。

朋友的房子，當然有空調設備，只是中國實在太大了，人口又眾多，為了節省能源，中央政府規定長江以南的建物，除了特殊用途之外，一般的住宅大樓是沒有統一「供暖」的，所以住家型的住宅，只能自行加裝空調機，朋友的房子就是加裝了好幾台類似分離式冷氣機型的空調機，一個房間一個，設備很好。每一台都是大陸品牌—「海爾」生產的，海爾，是中國大陸最知名的家電品牌。

但是，這種空調機的設計，並沒有手控裝置，開機、關機、調節風速或風量大小，完全得依賴搖控器，等於說，如果搖控器搞丟了，而一時之間又買不到，這台機器就會完全處於停擺狀態，就像小朋友玩的機器人一樣，沒了電池，再怎麼敲打也使喚不了。偏偏我們就遇上了：5台空調機，沒半支遙控器。

怎麼辦？只好求救了。一通國際電話打給在台灣的朋友，她頻頻向我抱歉，搞得我真是不好意思，她們家的房子讓我免費住宿，還要和我抱歉，婦孺三人組怎麼承受得起。她說，因為搖控器放在樓上39樓的朋友家，只是那位朋友這二天到南京去了，一時之間拿不到，她建議我到對面的「國美電器」，這裡販售各品牌的家電，也許可以先買一個。

這樣的建議就教人感激不盡了。

「國美電器」真的就在對面，過個馬路就到了，但是這個「對面」，一過起來至少十幾分鐘，因為這條長寧路好比台北的仁愛路，又寬又長，從住家門口往前走到十字路口，等紅綠燈之後再過馬路，再往回走一小段，至少也要十分鐘以上。「國美電器」很像我們的「燦坤3C賣場」，各種電器產品都有。

婦孺三人組和老爺子同心協力抄下每一台空調機的型號，再趕緊穿戴上禦寒的重裝備，圍巾、手套、褲襪、毛襪、羽絨衣、帽子，光穿戴好這一身行頭，每個人的體積會迅速腫脹，連那個體重向來只有五十幾公斤的老爺子，也都快像個不倒翁，更別說婦孺三人組了，個個圓圓滾滾的，走起路來像快要跌倒，但又倒不了一般。

管不了那麼多了，趕快走到對面的「國美電器」要緊，想到就教人好溫暖，像喝了一碗熱熱的雞湯一樣，在冷冷的寒冬裡，讓身子骨舒暢不少。再過幾分鐘，就能「解凍」了，忍著點、忍著點。

找到「海爾」的專櫃，服務員不是年輕貌美的美眉或帥哥小伙子，而是中年婦人，上海人稱呼這種熟透了的熟女叫「大娘」，向大娘詢問了一下，得到的回答是，「沒有。」看到我們一家四口那種失望得近乎絕望的表情，大娘也發現到問題的嚴重性，進一步詢問我們究竟發生什麼事了？

大娘的語氣很親切，與我印象裡的上海人，整天用上海話嘰哩呱啦，像吵架般的大嗓門不一樣，她耐心地聽取我們的需求，努力幫我們尋找解決之道；還直稱我們家的「小姑娘」長得好，像雙胞胎。

我們看她從櫃台抽屜裡拿出一個遙控器，她說這是舊的，讓我們帶回去試試看，但不保證一定有用，不用錢，就拿去用吧！

上海人都是這樣的嗎？！

這會兒，我們又從絕望中起死回生，對這位大娘，只能用大恩不言謝來形容。

頻頻道謝了之後，我們興沖沖地跑回去，開始一台一台地試，結果呢？這台不行、這一台無動於衷、那台沒反應、那一台還是毫無動靜。

這下慘了。

知名的南京路徒步區。

上海「家」的對面，應有盡有。這張大床，一口氣擠了四個人。

四、千年修得共枕眠

完了，大娘好心致贈的搖控器完全起不了作用，今晚，怎麼辦？

再想辦法。屋子裡共有三間房間，原本安排好二人睡一間，床舖也都整理好了，但是戶外氣溫0度，室內沒空調，若再分開睡，晚上包準凍得發抖。

那就用身體的溫度取暖吧！妹妹想到這個好主意，不需投票、無人反對。我們決定4個人擠一張床。

這點子不錯，婦孺三人組和老爺子重新整理起床舖，小朋友也開始搶著自己要睡哪一個位子，姊姊說要睡旁邊，妹妹說要睡中間，反正她們撿剩下的就是大人的份，好在這個床舖是king-size加大型，二個大人加二個小孩，擠一擠還算可以。

四個人的體溫，湊和湊和，ㄟ∕，還真的不冷了。人家說，百年修得共枕眠，我們這一家四口，可以這樣摟摟抱抱地睡整晚，恐怕要千年才修得到。這大概也只有在旅行途中，才能有這樣的經驗，隨著小孩逐漸長大，哪個小孩還會像小baby一般，天天吵著要和父母睡。

平時在台北，也不可能四個人天天擠一張床，來到上海，竟然可以體驗到這種全新的感受。老爺子說：「可以和三個美女同床共枕，是他莫大的榮幸。」

這句話，婦孺三人組不用表決，一致通過。

暖了身子，就好好睡一覺吧！

五、居旅

婦孺三人組的上海之行，雖說是休假旅行，但另一方面也想實際體驗體驗在上海生活的感覺，就像作家韓良露所提倡的「居旅」，選定一個地方，就住上好一陣子，去體驗當地的民情風俗，去看看他們在做什麼、忙什麼。伴隨著在地人的腳步，或快、或慢，配合當地人的節奏，自己調整。

我一直很羨慕這種生活，二個禮拜的假期雖然不長，但對一個上班族而言，有這樣的假，那不止是偷笑，而是要正正當當的大笑、狂笑。

所以，當親朋好友問我，「帶小孩到上海看什麼？」我真的只能回答：「看上海。」我希望小朋友可以看到另一群人在另一個空間的生活方式，好與不好，在她們的人生旅途中，都

居旅·旅居
不管是居旅或旅居，我們的居心
只有一個：快樂的吃喝玩樂。

是一種視野。

　　既然是「居旅」，說得好聽是自由自在，說得糜爛一點就是沒有目標、沒有行程，真的，初到上海第一天，婦孺三人組採購完必需用品、搞了遙控器之後，也實在沒力了，早早睡覺一定是最大的享受，因為旅遊、玩樂，也是需要體力的，睡眠不足、體力不夠，玩起來會不盡興，而且抵抗力會差，就很容易感冒生病。特別是帶小朋友出門，這點更要注意。

　　這是老媽子的實際經驗，以前曾經跟團到歐洲、美國，由於行程是一個點看過一個點，很多時候又得拉車，每天都早早就要起床，加上時差還沒調適，在睡眠不充足之下，全團的人當中，有一半以上的人都感冒了，有人還嚴重到發燒；之後自己安排了幾次自助旅行，第一天到當地，就很自然地給他睡個夠，那是補充體力和增加抵抗力的天然藥方。千萬不要以為出國玩，待在旅館飯店睡覺很浪費時間，體力維持好，才可以讓你走更遠、看更多。

　　至於隔天要去哪裡？睡飽了再說，反正一定有地方去的唄！

另一個小叮嚀
小朋友年紀小，抵抗力較弱，所以在旅行途中，睡眠很重要，一定要讓小朋友睡得飽飽的，他們才有力氣走過一天又一天，玩過一站又一站。

第五章　小朋友的夢工場

雪上加油

在街頭偶遇飄細雪，小朋友樂得向老天爺喊「加油，加油。」在室內滑雪場摔的人仰馬翻，小朋友還是樂得向我這把老骨頭喊「加油，加油。」

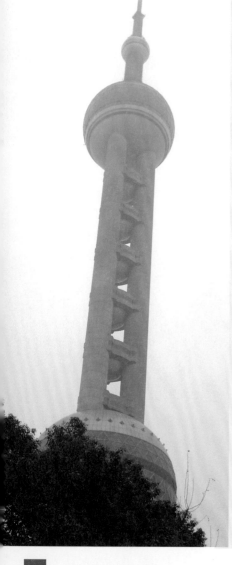

第五章

小朋友的夢工場

一、東方明珠巨獸

　　一般的旅遊行程，都是大人在決定，所以每每前往的景點，也可能都是大人想看的，要做到多增加適合小朋友的景點，就必需請旅行社特別安排，且同行的旅客當中，也最好都要以親子為主，否則大人和小孩之間是有代溝的，大人想看的，不見得小朋友喜歡，小朋友想看的，大人常常又會覺得無趣，所以，這種特殊行程少之又少。大概就只有自助旅行可以「為所欲為」了。

　　就像上海的「新天地」，哪一個旅行團或台商，到上海來，沒去過「新天地」？而且去過的人，十個有八個都說好，是時尚天堂、是不夜城、愈夜愈美麗、很輕鬆、很自在；但是小朋友的回答卻是：「很無聊」。

　　因為「新天地」確實是以成年人的活動居多，沒有小朋友可以參與的環境，她們自然而然就覺得無趣了。

　　帶小朋友出門，如果行程中沒有安排幾個適合她們的活動，她們準跟你翻臉，所以在出發之前，讓她們做home-work就很重要。

　　當時她們用紅色、藍色標籤貼好的註記，就是「去往何處」的依據。否則老媽子又不是水晶球，哪能看穿姊妹倆的心思。由她們自己做決定，滿不滿意，自己負責，我相信這種作法有雙贏作用，一來讓她們有參與感，二來老媽子也可以推卸責任，萬一瀏覽的過程不盡理想，反正是她們自己決定的，她們就不會有藉口說：「都是妳選的，難怪一點都不好玩。」

所以，她們曾做過的註記標籤，在整個旅行假期還沒結束之前，千萬不要撕下來，否則有個閃失，她們來個賴帳，在死無對證之下，老媽子肯定啞巴吃黃蓮。瞧！老媽子夠賊吧！

小朋友都想看東方明珠塔，這是來上海必遊之地，而且還要再渡過黃埔江，從外灘方向看東方明珠塔。圖片上的球體建築很吸引她們。

從我們住的地方到東方明珠塔很方便，搭乘2號線到陸家嘴站下車，找到往東方明珠塔的出口，一走出地鐵站就到了。這段距離真的很近，近到連一點點思索方向的時間都沒有，就突然從地底冒出來一個龐然大物，以迅雷不及掩耳的速度，佔據所有人的視線；近到毫無心理準備、近到有點壓迫感，反而不如遠望來得美、來得炫。

在看台北101大樓時，也有類似的感覺。若在晴空萬里的氣候下遠望101，會覺得她像是希臘神話故事裡的天神宙斯，萬物皆在我之下，所有的子民都是如此渺小。陰雨天看101，她又像武俠小說裡的「獨孤求敗」，身懷絕世武功，卻苦無對手，畢生心願，但求一個「敗」。

「遠望」讓人有無限的想像空間；但是近觀，就完全不一樣了，走到101大樓入口處，仰天長望時，會有一股巨大的力量逼得你必需

連喘幾口氣，高聳的建築擋住了陽光、切割了天邊，彷彿所有的新鮮空氣，都被這棟看不著盡頭的大牆給阻絕了。

還好，捷運站並沒有緊鄰101，必需從市政府站下車之後，再走一段路才能到達，這段路是個「緩衝區」，讓人可以慢慢地靠近她，從遠而近、從面而點，真正看到絕無僅有的101。

東方明珠塔與地鐵站之間，就沒有任何緩衝區了，一出地鐵站，就是東方明珠塔廣場了，那種「兵臨城下」的感覺，像是毫無心理準備的士兵，突然被矇住眼睛帶到一座城池的城門前，再命令士兵必需進攻、進攻、進攻，搞得頭也昏了，力氣也沒了。

婦孺三人組一出地鐵站的感覺，就很像被矇住眼睛的小士兵，一看到突然「現身」的東方明珠搭就站在正前方，小朋友的反應也像是突然被「嚇到」一般，「怎麼這麼近？」「好近

哦！」，完全不知所措，一時之間驚魂未定。問她們想不想上塔鳥瞰整個上海，她們竟搖頭以對。原本的興緻全沒了。

那種壓迫感，直至一整天在浦東的行程結束之後，搭乘觀光隧道穿越黃浦江，站在外灘遠望整個浦東，不舒服的感覺才稍稍釋懷。

站在外灘隔著黃浦江遠眺，浦東像一座未來城，有球體建築的東方明珠塔，也有全亞洲第三高的上海金茂大廈，高420公尺，還有各家比財力、比創意的跨國企業，競相推出比高、比炫的大型建物；和浦西古老建築群隔灘相望，一邊像是夢的租借地，另一邊則像是夢的集散地。

突然置身到夢的集散地，那種壓迫感我多少總能理解，所幸廣場上有個小攤位，攤商吆喝著「買海洋館入場券送贈品」，這句話吸引了兩個小朋友。

海洋館本來就是她們想看的景點。

當她們共同在旅遊書上，貼上紅色、藍色的標籤時，我曾好奇地問：「屏東車城的海生館、台北士林的海洋館，妳們都去過了，幹嘛到上海還要再看？」

姊姊指著書上的陳述說：「上海海洋水族館，有世界最長的玻璃海底隧道。」

原來……，顯然她們真的有做homework。

東方明珠塔

位於黃埔江畔的東方明珠廣播電台，高468公尺，是全亞洲第一、世界第三高的電視塔，僅次於加拿大多倫多電視塔及巴黎艾菲爾鐵塔。主體是由3個斜筒體、3個直筒體及11個小球體所組成，離地面263公尺的上球體，設有旋轉餐廳及瞭望台。

世界前三大高樓

1. 台北101，高508公尺
2. 馬來西亞吉隆坡雙子星大廈，高452公尺
3. 美國芝加哥西爾斯大廈，高438公尺

二、鯊魚眼中的壽司迴轉台

有時候想想，當我的女兒，還真的蠻好的，連我自己都挺羨慕她們，「選」上了一個愛玩、坐不住的老媽子來投胎，小小年紀也都跟著到處玩、到處看。

連一個海洋館，都可以從北台灣，看到南台灣，再飛躍台灣海峽，看到上海來。

這種大人絕對不會安排的景點，小朋友卻列為首選。

先來看看票價，上海海洋水族館的門票是大人人民幣110元、兒童70元，兒童的標準是設定在140公分以下，二個大人、二個小孩，花了360元買了4張票，折合台幣約1440元，和台灣差不多了，不便宜。

不過呢，這個海洋館可以看到有別於台灣海生館的水底世界，對台灣來的小朋友來說，又是另一種收穫。

海洋水族館的展覽共分為八大區域，分別是中國、南美洲、澳洲、非洲、冷水域、極地、

海岸、深海，每一個區域都有個別的特色，南美洲有熱帶雨林生態、非洲有古怪的魚類、極地有企鵝⋯⋯，各有所屬，且解析的很清楚，不管是大人或小孩，都可以一目了然。

以婦孺三人組從台灣的教育觀點看過去，除了「中國」這個部份之外，其餘的區塊，對小朋友來說，不管是學校的課本或是屏東的海生館，也多有著墨，特別是深海部份，台灣四面環海，海洋資源豐富，在台灣早就看多了有關海洋生態的介紹，走到深海館，不管展示的物種有多珍貴，對台灣的小朋友來說，真是一點也不稀奇。

叫小朋友覺得新鮮的，卻是「中國」這一部份。小朋友說，課本沒提過「長江」，倒是有一首歌叫「龍的傳人」，歌詞裡有「長江」。

哇咧！長江是全世界第二大河耶，怎麼會不知道？況且「龍的傳人」還是老媽子感懷年輕時代的民歌，隨口教她們哼唱的，沒想到，竟然成了她們獲得「知識」的來源之一。

也因為對這部份的陌生，小朋友的熟悉度相

海洋館內長長的電扶梯（上），和長長的海象魚（下）。

對減少了，什麼長江源起於青康藏高原，流經雲南、四川、湖北、湖南、江西、安徽、江蘇等省份，都得靠老媽子指著地圖，像導遊一般從頭解說起。當然也有老媽子不知道的，這也是學生時代的課本裡沒教過的，就是長江流域的生態介紹，這一部份，恐怕連讀過中國地理和世界地理的四、五年級生也不一定曉得。

出個題目考考大家，鱷魚都會吃人，但是長江流域有一種不會吃人的鱷魚，叫什麼名字？

一定有很多人和老媽子一樣，剛聽到題目時，會懷疑地問：「還有不會吃人的鱷魚哦！」沒錯，真的就有，答案是「揚子鱷」。這種鱷魚有別於一般凶猛的鱷魚，天生膽小，平時只吃鍋牛、蛤蜊等小型動物；揚子鱷是中國長江流域特有的動物，瀕臨絕種邊緣。

不錯吧！陪小孩子看她們喜歡看的東西，老媽子和老爺子也能增廣見聞。

最為台灣小朋友熟悉的區域，一定就是深海這一部份了。透明隧道裡，隔著透明

超級比一比

	票價		整體感覺	評比	備註
上海海洋水族館	成人：人民幣110元	兒童：人民幣70元	規模大、展示種類多，且分類和介紹都很詳細，可看度高	★★★★★	對兒童票的界定是140公分以下
台北海洋館	全票：台幣480元	半票：台幣430元	規模小、空間小，展出的物種，感覺上少很多，票價也偏高	★★★	學生屬半票
屏東車城海生館	全票：台幣300元	優待票：台幣200元	空間設計明亮，整體的感覺很好，且多了親水區，適合台灣的氣候	★★★★★	110公分以上，持有學生證，可購買優待票

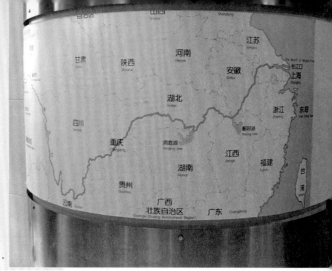

台灣小學生難得一見的中國地圖。

玻璃，嚙牙裂嘴游來游去的大鯊魚，台灣幾乎每一個海洋館都有，普遍到甚至連高速公路清水休息站內的透明水族箱，都曾展示過。所以在這個深海館裡，最吸引小朋友目光的，不是那些凶猛的鯊魚，而是好長好長的環狀透明隧道，讓人好像看不到盡頭，並且可以從不同角度欣賞海底世界。

且為了方便旅客輕鬆地觀賞，館方設置了電動步道，不用費力氣走路，電動步道會順著方向將人推向前，這個長長的透明隧道和電動步道，在台灣還不曾見過，小朋友形容說，電動步道很像迴轉壽司台，每一個站在電動步道上的人，都像是一盤壽司，隧道外的鯊魚，就像是壽司店裡的顧客，不時睜大眼睛端詳著「哪一盤好吃？」

小朋友的形容還蠻貼切的，只是在這個步道上，經常會有變調的插曲出現，就是一群小霸王的攻擊。

這群小朋友的言行，以身為父母的老媽子和老爺子看起來，絕對是一胎化政策下的產物。

上海海洋水族館

上海海洋水族館，於2002年2月間開幕，是由新加坡財團投資5500萬美元興建的，是亞洲最大的海洋水族館之一。館內分8大區域，設有28個大型生物展示區，300多個品種，一萬多條珍貴的魚類。長達155公尺的自動步道，是全世界最長的玻璃海底隧道。位於上海市浦東新區銀城北路158號，電話86-21-58779988　www.aquarium.sh.cn

聯想題

Q：世界上最長的河川是哪一條？
A：非洲的尼羅河。

企鵝館　河豚

三、一胎化下的小霸王

「什麼是『一胎化』？」當我幾近用幹譙的語言，痛斥一群毫無禮貌、爲所欲爲的小霸王時，女兒們提出這樣一個問題。

沒有來大陸，眞的不知道，這裡的小霸王會目中無人，被人寵壞到這種地步。

海洋館的透明玻璃電動步道，以我們在台灣的規矩，就像是在捷運站搭電梯一般，反正電力會趨動你前進，你就靠右邊站，左邊讓給趕時間的人；海洋館的步道是讓人慢慢瀏覽的，所以速度很慢，一群又一群的人靠邊站，慢慢欣賞，不用趕時間。

就在看著鯊魚不停盤旋的同時，也不時可以看到，突然間會有小朋友不安份地在走道上跑來跑去，這裡停停，那裡撞撞，搞亂整體秩序不說，連喊叫的聲音都非常大，而站在他們旁邊的家長，則完全無視小朋友的放肆行爲，連出來制止一聲都沒有。

這種不禮貌的情形，跨出步道之外，在觀賞館內其他珍貴物種的同時，我們也常會被一群青少年莫名其妙地推擠給嚇到，他們會使盡吃奶的力氣，用擠的、用撞到、用壓的，排除所有人，「晉身」到最前面去看他們想看的東西，且高談闊論，嗓門大到完全不知這是公共場合，更囂張的是，連一句「對不起」或「不

好意思」都不會說，好像都是理所當然的。

我眞的懷疑，到底有沒有人教過他們什麼是「對不起」、「不好意思」？這幾個字又該怎麼寫？

在一些角落裡，還常常可以看到三代同堂出遊的畫面，爺爺、奶奶、爸爸、媽媽帶著一個小孩，這個小孩往往是走在最前面的，趾高氣揚地，大聲吆喝著，完全無視旁人的存在，四個大人全像佣人般供他使喚，一個不爽，就又鬧又叫，叫爸爸媽媽像在叫菲佣一般。

我對著小朋友說，這就是「一胎化」的成果，每個小孩都是家裡被寵壞的「寶」，眞的很糟。

小朋友壓根不懂什麼叫「一胎化」。老媽子簡單地和她們說，「一胎化」是一項抑制人口成長的政策，中國有十二億人，如果都毫無節制地生下去，這個國家準被吃垮的，所以政府規定，每一戶只能生一胎，如果多生，就會被罰，也因爲每一對夫妻只能生一胎，所以全家人都當成寶，但是過度寵愛的結果，竟造就一群小霸王。

其實這種情形在台灣也看得到，只是情況不會有像大陸這樣，爲數眾多，且都變本加厲；我眞的很擔心，這些小孩，長大了怎麼辦？社會上的競爭是很殘酷、很現實的，遇到挫折，可不是求爺爺、告奶奶，哭哭鬧鬧就能解決

的，是否會成為比草莓族還嚴重的水蜜桃族，搞不好都有可能咧！

小朋友頻頻點頭，表示她們聽懂了，之後提出了一個問題：「媽咪，那生雙胞胎怎麼辦？」

一時之間，我還真的答不出來，老媽子聽「一胎化」不知聽幾年了，從來也沒這樣聯想

過，想了想，也不太有把握，轉頭詢問老爺子，還好老爺子博學多聞，回答這兩個小姑娘，「一胎化」是以「胎」為計算單位，所以雙胞胎、三胞胎，也都叫一胎。

突然間，覺得這一對小姑娘多有福氣啊！所幸生在台灣，還能成為親姊妹，若是「一胎化」，哪有親姊姊、親妹妹這個名詞啊！

金陵東路是條樂器街。

四、未來的「賴英里」

帶著小孩在上海旅行，地鐵是既方便又便宜的交通工具，但是上海很大，所以每一站與每一站之間的距離都很遠；在台北搭捷運，有時候如果只有一、二站的距離，若是不趕時間，老媽子常會選擇走路，讓身子骨運動運動，但在上海就不同了，從這一站走到那一站，包準你走到一半，就說，還是「打的」吧！

相對的，即使要從所在位置走到距離最近的地鐵站，除非緊鄰在旁，否則也都要走上一段路。

但對婦孺三人組來說，有時我們反而喜歡多走一點路，因為走路是在地面上，可以看到一景一物，老在地底下搭地鐵，看來看去就是人潮、列車、地下通道、電扶梯，這和台北又有何不同呢！

也因為走路，所以也偶有新發現。我們就在靠近知名景點「豫園」附近，發現一條金陵東路，整條街都是樂器行，姊姊想學長笛，很自然會特別留意櫥窗裡陳列的各種樂器。

金陵東路的樂器行，有數十家，有正廠的YAMAHA，也有很多二手店，世界各大知名品牌的樂器，在這裡都找得到。很多櫥窗內就展示了知名的Steinway、Bosendorfer鋼琴，這些造型優美、價值不斐的名琴，相信任何學音樂的孩子都會想要擁有，或是彈上一首曲子。

還好我們家的小朋友學管樂，沒學鋼琴，否則老媽子的財力可是沒法度。

就在展示鋼琴後方的櫥櫃裡，被眼尖的姊姊瞧到了一個小空間，裡面陳列了好幾把她夢寐以求的長笛。

長笛這項樂器，我們家沒人懂，印象裡就只有長笛公主—賴英里，也就是台北喜來登飯店老板蔡辰洋的夫人，她吹奏長笛的模樣，飄逸得讓人陶醉，老媽子早年還曾買過她的CD，閒來沒事就愛在家裡搞浪漫。

女兒想學長笛，又留著一襲長髮，「賴英里？！」

想太多了，先進去看看吧！

這是YAMAHA樂器專賣店，學過音樂的小孩一定都知道。一進門，負責該區塊的一名男性服務員正拿著電話筒講個不停，其他店員也顧自在做自己的事，不會

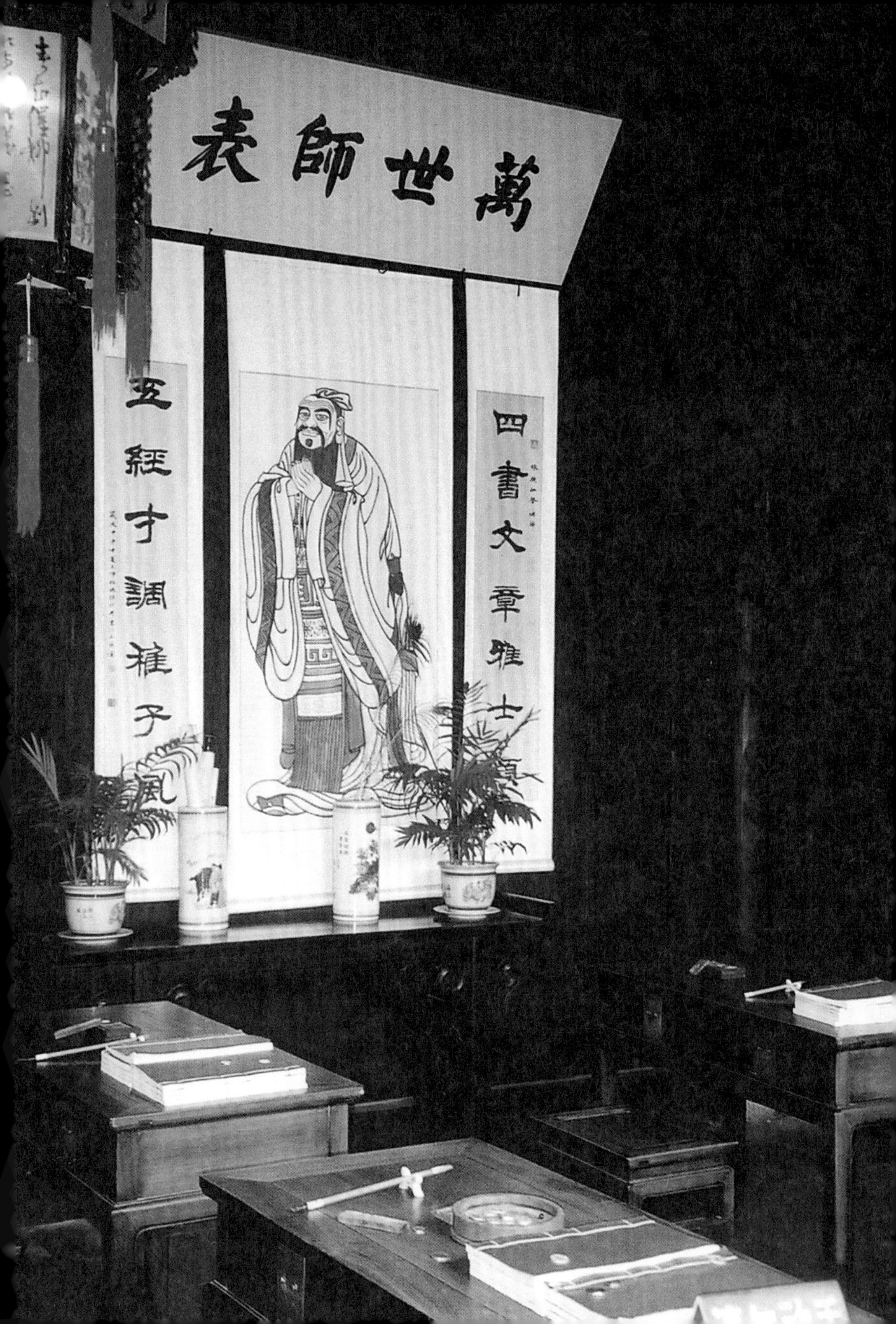
萬世師表
四書文章雅士
五經才調稚子風

跨區接待。這位服務員約莫三十歲左右，待他掛完電話之後，也是愛理不理的，一付我們絕對不會買、只是來浪費他的時間一般。

婦孺三人組，外加老爺子彼此互看了一眼，默契十足地想，詢完價之後就走吧！

「請問那把長笛多少錢？」老媽子還故意學大陸人的口語，捲起舌頭說了幾句。

服務員回答：「2500元。」

一聽到這個價錢，四個人立即轉頭開小組會議，並且用台語討論了一下，換算成台幣是一萬元，我們在台灣比較過，同一款在南部找認識的朋友買，可以殺到一萬六千元，在台北，姊姊的同學買了二萬元。

心動的價格，讓婦孺三人組和老爺子收起了放開大步離開的念頭，沈住氣繼續和服務員交涉。

「可不可以便宜一點？」老媽子又捲起舌頭說話。

「這已經是定價的七折了，夠便宜了，我們是正牌的YAMAHA，有一年的保固維修，有開發票的，整條街就我們最便宜，你可以再去比較比較。」服務員沒好氣地指著櫃子裡的價目表，訂價寫著3500元。

「可不可打開來看一看？」老媽子再問。

「這是不能拆的，如果要看，只能看另一隻樣本，如果拆了，萬一不買怎麼辦？」這位男服務員捲了很捲的舌頭，用很濃很濃的捲舌音說著。

「那可以刷卡嗎？」老媽子再問。

「如果是本國卡，可以，但是如果是國際卡，那要加3%，因為銀行……」這位討厭的業務員又講了一堆。我們住在台灣，大陸銀行在台灣又沒分行，誰給你辦本國卡，哇咧！

其實，早在進入這家YAMAHA之前，我們也詢問過附近的其他樂器行了，的確是比較便宜，才會讓我們這一夥人忍氣吞聲，否則老早掉頭走人，還在這裡耗時間。

「我們住在台灣，不用發票，我們也不可能再跨海來維修，你就降一些，奇摩子、奇摩子一下。」我不知道他懂不懂什麼叫奇摩子。

幾番討價還價之後，服務員以刷卡手續費只收一半成交。

確定我們要買了之後，他的態度變得和悅了些，打開新長笛的盒蓋，讓我們瞧了瞧，也詳細解說起這隻長笛的特性，也為他不好的服務態度趕忙解釋說，先前就有很多人，打開給他們看之後，卻都不買了，這一打開，就不好賣……。

還沒等他說完，我先補充了一句：「我們台灣人的教養非常好，絕對不會幹這種事。」雖然老媽子也說得有點違背良心，但在這種場合，也一定要大聲說出來。

老媽子一付理直氣壯的模樣，看著他仔仔細細打包好這隻長笛。婦孺三人組都很明白，他絕對是故意裝出來的。

離開了YAMAHA，女兒說了一句：「北港鴨肉」，我問，「什麼意思？」

「是班上男生罵人的話，日語『混蛋』直接翻譯過來的。」

懂了嗎？唸唸看。

台北誠品信義旗艦店

上海書城大是大，但就只是「大」而已。

五、上海書城

就在距離金陵東路樂器街不遠處的福州路，是上海有名的書店街，這條街上書店、文具店林立，大型書店的規模，絕不亞於我們的金石堂或誠品書局，每一家書店都人聲鼎沸，像菜市場一般。

看到這片光景，老媽子心裡不免想著：「現在網路這麼發達，且很多辦公室都發展到無紙時代了，還會有這麼多人買書？看書嗎？」

婦孺三人組走進上海規模最大的「上海書城」，五層樓的空間，大到如果有人走失了，肯定非得藉助擴音器廣播不可。老媽子試圖去觀察書店裡的提袋率，結果我發現，只要走進書店的人，鮮少有人空手而出，而且都是一口氣買好幾本，這讓我好生訝異；因為我也常在台灣逛書店，同樣也有不少人，但是真正買書的人，卻遠遠低於逛書店的人，即使真的買，數量也不可能太多。

真的是兩岸氣氛大不同。看著人家買書，我們也入境隨俗買幾本吧！台灣流行數獨遊戲，上海也瘋行得很，小朋友也跟著看得很過癮。

「簡體字，你們看得懂嗎？」

「看整句，就懂了，而且數獨遊戲，都是數字，文字很少。」姊姊回答著，一付我很廢話的樣子。

因為帶著小朋友，我特別走到教科書的區域前，想了解一下，這邊的孩子學些什麼？

首先我發現，他們的參考書，一本大約人民幣15元，折合台幣約60元，以台灣的生活水準來看，真是便宜太多了，但若以大陸人民的收入來說，讀書，也真是要有錢才讀得起，想想看，一般人民一個月的工資才人民幣2000～3000元，扣掉一家子吃的、住的，要存錢也真不容易，若要再栽培小孩，不就像婦孺三人組這一家嗎？雖然薪資比大陸人民平均所得高，但是台北的消費這麼高，怎麼樣也都要省吃儉用。

只是光看到這個價位，就讓老媽子不免回想起婦孺三人組在台灣買參考書的情形，那簡直是可惡。

一本參考書，要價240元，而且是內容年年都不同，姊姊看完了，來年等妹妹升級之後，這本參考書就形同廢紙，完全沒有功能，就必需再花錢買新的版本；想當年老媽子唸書的時候，連課本都可以傳給妹妹繼續讀，到了這一代，情況卻被書商完全操控，這種教育，根本就是在剝削父母的血汗錢，如果是窮人家的孩子，叫他們怎麼讀書。

國小情況還好，朋友的小孩讀國中，情況才慘。

學校的教科書有不同版本，但基本學力測

驗，卻是各種版本的題目都有可能出現，所以逼得小孩子除了學校指定的課本之外，還得購買不同版本的參考書，一本參考書至少300元，老媽子帶著小孩到處玩，花費的成本高著咧，一本書也不超過300元，且像參考書這類大量印刷的書藉，印刷成本也會大幅下降，結果卻要賣這麼貴，難怪參考書的出版業者，個個可以蓋大樓，將教育商業化到這種程度，小孩可憐，當父母的也很慘。

我不清楚中國大陸的教育制度，但我想在人口壓力和一胎化政策下，加上望子成龍、望女成鳳的傳統觀念，這裡的小朋友壓力一定也不小，很像早期的台灣社會，讀書，就是擺脫貧窮的唯一途徑，所以個個卯起來讀書。

我就曾聽聞過朋友的小孩，剛從台灣轉來上海的小學時，原本在台灣的學校都是前三名，初來乍到的「摸底考試」（程度測驗），數學竟然只考了19分，嚇得他趕緊找交通大學的高材生到家裡來兼家教，直到半年之後，程度才稍微趕得上，數學可以考到85分。

而說到家教，朋友說，交大的高材生，一小時人民幣20元，原本只想請他一星期來一次，聽到這個價錢，他央求高材生天天來。

大陸小朋友的參考讀本。

台北誠品旗艦店極富人文設計感，大的很有「品味」！

六、我們的誠品書局

老媽子挺無聊的，出門旅行就專心旅行嘛！偏偏就愛在那裡比來比去的。到了海洋水族館，要跟台灣的海生館較量較量；搭個地鐵，也要和小朋友們說說台北的捷運怎樣怎樣，現在連逛個書店也都要每個角落給他掃描一遍。

不比怎麼會知道誰好？誰不好？台灣的誠品書局真的好。

五層樓高的上海書城，書籍種類又多又細，大概所有在大陸發行的書，在上海書城都可以找得到，我還在旅遊專區裡，看到我的朋友楊承業寫的一本書「搭地鐵，玩香港」，在台灣已被列入暢銷書行列，沒想到還被翻譯成簡體字發行，這下他一定削海了，回去得狠狠敲他一頓不可，我特別買下這本書，做為敲竹槓的「必要理由」。

我們的誠品書局又何嘗沒有這種規模，而且比上海書城多出更好、更棒的空間設計，那種購書環境，才真的像國際級書店。

若要相互比較，上海書城對於書籍的陳列方式，嚴格說來就像是大型的書籍量販店，空間大、書本多，卻少了誠品書局的人文色彩。

誠品書局位在信義區的旗艦店，花了五億元的裝潢費，讓人看書、買書之餘，光是行走在寬敞的走道時，就有一股默然而生的優越感；誠品書局董事長吳清友的二哥吳國勇，在一個聚餐場合裡，順口和我說，到誠品信義店看書買書，記得要再看一看整體裝潢設計，上下都呈對比狀。

經他這麼一講，我特別挑了個假日，帶小朋友逛誠品，結果我們真的有新驚訝。

你會發現，在二樓的雜誌區，天花板是挑空的圓形設計，地面上的書籍陳列架，則設計成「X」形狀，小朋友說，好像玩打叉圓圈的遊戲；此外，每一個特定專區，天花板也是設計成圓形，若隨著圓圈邊緣直直劃下來，就是一個專區，例如語言類、財經商業類、旅遊類書籍等，這三個穿得過去的圓柱體，設置在中庭區，讓整體線條更形優美，也更增視覺感受。

四樓的區域更是明顯了，建築設計區的天花板呈橢圓形，地面上的書籍陳列架，也排列成對襯的橢圓形，對比的情形，非常強烈。

我還是愛看提袋率，特別站在收銀機前佇足了許久，結果我發現，假日的提袋率算彎高的，但平日參觀的人好像比真正付錢買書的人多，看得我膽戰心驚的，如果大家只看免費書、只逛免費書店，這種好書店怎麼生存下去，求求大家，逛書店，也要買書，最起碼買本「一個人帶著孩子去旅行」，一定會有收穫的。

熊貓・貓熊

不管怎麼唸才是對的，也不管它們來不來台灣，不用
爭辯，反正我們終於看到了中國最傑出動物。

七、可愛的熊貓

要去看熊貓了。

說到要看熊貓，小姑娘們壓根不會賴床，早早就起床了；否則，在沒有行程的前提下，又是在零度的低溫裡，窩在被窩，說有多舒服，就有多舒服，誰願意早早就離開溫暖的棉被呢！

但一聽到熊貓，全跳起來了。

趕緊穿戴上禦寒的重裝備，「打的」吧！

上海有兩座動物園，一處是距離徐匯區較近的上海動物園，一處是距離浦東機場不遠的野生動物園，當地人告訴我，上海動物園的動物都是關在籠子裡、空間小，野生動物園的範圍大，有些動物都可以跑來跑去，比較好玩。

當然去野生動物園囉！

搭計程車從市區到野生動物園，大約要40分鐘，一路上所經過的地方，有很大一部份與去機場的道路重疊，車資約180元，平均一人45元，折合台幣共約720元，一到了動物園才知道，門票比計程車費貴出好多好多，一張門票

要90元，而且超過120公分就算全票了，門檻很低。

買完票之後，有位大娘前來兜售望遠鏡，老爺子想擺脫她的糾纏，隨口說了一句：「買門票花掉了，沒錢了。」沒想到這位大娘還可以接上一句：「一張門票90塊錢，沒錢是不會來這兒的。」

一語，又讓我們收起台灣人的觀點。打掃房子的「阿姨」，一小時的工資才8塊錢，「90塊錢」，一般的民工，要做滿十一個多小時才能掙得到這些錢。不過，肯花錢的上海人應該還是很多，否則動物園開放給誰看啊！

熊貓真的很可愛。從沒看過熊貓的小朋友，肯定愛死熊貓了。

撇開早早起床不說，小朋友一進入動物園大門，最趕緊要找的就是熊貓館，一看到標有「大熊貓」的指標，就用快速奔跑的方式，也不管天氣冷、氣溫低，一定要用最快的速度到達，跑得氣喘吁吁，上氣不接下氣地也無所謂。就是要趕緊找到熊貓。

當「好可愛、好可愛」這三個字不斷重覆

黑帽懸猴

天鵝

小熊貓

水貂

金絲猴

黑天鵝

時，大老遠被她們甩在後方的老媽子，已經可以很睮定地說：「她們看到傳說中的熊貓了。」

說起來有點丟臉，她們倆姊妹不斷重覆的「好可愛」，很像日劇裡的日本女生，看到新奇的東西，就會提高嗓門、大喊「卡哇伊、卡哇伊」，如果她們說「卡哇伊」就好了，讓別人誤以為是日本妞，那也就罷了，偏偏她們說的是中文的「好可愛」，幫幫忙，這裡是說國語抹ㄟ通的中國耶，搞得全世界都知道，還真的有點想把臉轉過去，假裝不認識那兩個只會喊「好可愛」的小姑娘。

等到老媽子慢慢地聞聲走過去，也從那一片由天花板垂直延伸到地面的透明玻璃前看到熊貓背影，再走到旁邊的戶外區，看到一隻黑白分明的大熊貓，正在啃著竹葉時，老媽子也立即成為「呼叫團」的成員了。「好可愛哦！好可愛哦！」全是老媽子的聲音。

傳說中的熊貓並不大隻，和台北動物園的大熊比較起來，熊貓迷你多了，但是他的動作真的就像DISCOVERY頻道播放的影片一般，除了啃竹葉的速度稍微快一點之外，其餘的每一個動作都是慢慢的、慵懶的、遲鈍的，但每一個動作，卻都是那麼可愛的、惹人憐的、討人喜歡的。

你不覺得很矛盾嗎？慵懶、遲頓、可愛、憐惜，這些形容詞是完全兜不在一起的，但卻能夠全部集中在熊貓身上，也許這就是熊貓的魅力，才會讓熊貓成為大陸的「國寶」，但可惜台灣沒有，如果台北動物園也有可愛的熊貓，

小朋友第一次騎駱駝，怕怕的。

上海有兩座動物園，一是野生放養、一是柵欄圈養，要去一定要先搞清楚。

生產 · 難產
動物園裡附設動物醫院、育嬰室，負責照料剛出生的寶寶；當然並非事事如意，我們
就發現有對小花豹因母親難產，園方改以狗媽媽代替母職，也讓小朋友驚奇不已。

肯定會吸引成千上萬的小朋友，天天吵著爸媽帶他們到動物園，整個動物園不被擠爆了才怪！

　　阿彌陀佛！善哉！善哉！

大熊貓小檔案

學名：Ailuropoda melanoleuea

英文名：Giant panda

大熊貓多生活在2000～3000公尺的高山、竹林地區，沒有固定巢穴，過著「流浪式」的生活，主食各種竹葉，擅於爬樹、游泳，春季為其發情期，孕期約3-5個月，每胎可產1～2隻，5～7歲為成熟期，壽命約為30年。主要分佈在中國的四川、陝西、甘肅等省分。

上海野生動物園

位於上海市南匯區南六公路178號

（021）58036000

www.shwzoo.net

超可愛的松鼠猴。

八、松鼠猴，請慢走

野生動物園裡的稀有動物，除了大熊貓之外，還有很多在台灣動物園看不到的動物，都很能引起小朋友的興趣。

小熊貓，體型更小了，所以動作非常靈活，跑來跑去的，反倒有點像小浣熊；金絲猴，全身上下的毛，絕大部分都是金色的，我很懷疑，是不是用了金色髮劑挑染過的，因為染得太漂亮了；黑帽懸猴的模樣，很像孫悟空，我和小朋友都發出個疑惑，西遊記的作者吳承恩，當時是不是看到黑帽懸猴，才虛構出這一號又像人、又像猴的人物。

還有一種名為「水豬」的動物，長得真是醜，全身長滿粗粗的毛，整個身體沒有任何曲線，如果以後要罵人醜八怪，可以直接用「水豬」代替了；松鼠猴，才有趣呢，牠的體積真的就像松鼠般大小，園方設置了一個專區，並架設了一座小木屋做為松鼠猴的家，松鼠猴們可以到處爬來爬去，上上下下的，很是自在，即使觀光客遊走其中也無所謂，在這個空間裡，好像人與猴都可以和平共處一般，共享「天倫」。

婦孺三人組和老爺子在「猴區」內走著走著，有一隻從樹上溜下來的松鼠猴，剛好就溜在老爺子的左腳前，這下子可好了，這個平時就出一張嘴的老爺子，到底該跨出那一隻腳呢？左腳？右腳？那隻松鼠猴更絕了，牠瞪大著眼睛看著老爺子，一付「請他讓路」的模樣，杵在原地，一動也不動，咕嚕嚕的大眼睛，楚楚可憐的模樣，任誰看了都是小小的小猴子被大大的老爺子欺負了。

兩個小姑娘開始你一言我一句：「爸比，都是你啦，你怎麼可以擋住小松鼠猴的去路？」「爸比，你怎麼欺負人家小動物。」

這時候，還真的蠻同情老爺子的，明明什麼都沒做，卻莫名其妙被扣上一個「不愛護動物」的罪名，真是禍從天降、招誰惹誰了，。

你們猜，老爺子和松鼠猴持續了數十秒鐘的「僵局」，最後是怎麼化解的？

當然是老爺子讓路囉，在動物園裡，老爺子還敢怎樣，老爺子乖乖地走到旁邊，松鼠猴才繼續牠的路線，跳、跳、跳地跳走了。

老爺子還很有禮貌地和松鼠猴說了一句：「請慢走。」

就在這時候，上海的天空突然飄下了好細好細的白色分子，細到一碰觸到手掌心，白色粒子就化開了。

「下雪了！」有人高聲叫著。

一聽到「雪」，小朋友馬上合起雙掌，對著天空不停膜拜，口中還像唸咒般地說著，「再下大一點！再下大一點！」

奈何她們怎麼祈求，老天爺就只願意賞賜這麼一丁點「奈米雪」，斷斷續續的，沒多久就停了。沒關係，「奈米雪」也是雪，回台灣還是可以很大聲地向親朋好友說：「我們在上海野生動物園看到熊貓，也看到雪囉！」

珍貴動物小檔案

小熊貓

學名：Ailurus fulgens

英文名：Lesser panda

小熊貓多活動在1800～4000公尺的山地森林和竹林稠密的地方，晝伏夜出，擅於爬樹，主食竹、草、果實和昆蟲，2～3月間為其發情期，孕期4～5個月，每胎可產1～3隻，壽命約為13年，多分布在中國西南、尼泊爾、錫金和緬甸等地。

金絲猴

學名：Rhinopithecus roxellanae

英文名：Golden monkey

金絲猴多生活在1500～3000公尺的高山密林中，一般多在樹上，耐寒，以植物的葉、嫩芽、野果為主食，有時候也會吃昆蟲和鳥卵，秋末季節為其發情期，孕期約6個月，每胎只能生一隻，4歲左右為成熟期，壽命16～18年，多分布在中國四川、雲南、甘肅和陝西等省分。

黑帽懸猴

學名：Cebus apella

英文名：Brown or Tufed capuchin

黑帽懸猴體長30～55公分，尾長相當於體長，體重約1～3公斤，經常是4～20隻成群活動於2700公尺的潮濕森林及紅樹林中，主食為各種果子、種子、花芽和嫩枝，也吃昆蟲、蜘蛛和小型無脊椎動物，沒有固定的繁殖期，孕期約6個月，每胎只產一隻，4～6歲為成熟期，壽命有44年。多分布在中南美洲的哥倫比亞和阿根廷等地區。

水豬

學名：Hydrochaenis hydrochaeris

英文名：Water Hog

水豬是最大的囓齒類動物，生活在河、湖、溪水、池塘和沼澤地區等植被稠密的地方，群居生活，早晚活動，主要以草類為食，也吃水生植物、穀類、甜瓜和南瓜等，常年繁殖，孕期為4～5個月，每胎產2～6隻，1.5～2歲即成熟，壽命約10～12年，多分布在南美洲。

松鼠猴

學名：Saimiri Sciureus

英文名：Squirrel Monkey

松鼠猴體形似松鼠，體長22～30公分，毛短、厚密、柔軟、體色鮮艷、眼大、耳大，十分逗人喜愛，已列入世界保護動物，分布於哥倫比亞到巴拉圭等地，生活在原始森林、次森林及耕作地區，一般常到溪水地帶活動，好合群，以果子、漿果、堅果、花芽、種子、昆蟲等為食，一般在雨季前產子，孕期5～6個月，每胎產一子，2.5～4歲性成熟，壽命10～12年。

九、零高度的飛行─磁浮列車

傳說中的磁浮列車，時速431公里，到底有多快？沒坐過，來到上海，怎麼樣也要去體驗體驗「零高度的飛行」。

想起以前老媽子到歐洲旅行時，也搭乘過超高速的TGV列車，時速將近三百公里，當列車一啓動時，老媽子試著用最快、最快的速度唸起123456789……，想要準確地數出軌道兩旁的電線桿到底有幾根？結果數不到一百，就已經眼花瞭亂、頭昏眼花了，根本不可能，這些電線桿像連在一起的影片般，沒有間距，一個鏡頭緊接著一個鏡頭接連放送；也像快轉了數十倍的DVD，這個畫面還沒看清楚，後面的畫面早就不知播放到那裡去了。

我把這段經驗告訴小朋友，她們竟然毫無創意地想要模仿，也不會想些新點子，像是數一數飛過去的小鳥或軌道旁邊公路上的汽車等等，誰知道她們還回了我一句：「小鳥有禽流感，才不數咧！」你嘛幫幫忙，我們坐在車子裡，關禽流感什麼事。她們就是堅持要數電線桿。

數著、數著，情況和老媽子當年一樣，數沒幾根就放棄了，她們也真的見識到世界上就是有這麼快的火車。

「火車真的是浮在鐵軌上的嗎？」坐在平穩

讓小朋友不敢想像的430公里時速。

磁浮列車原理

　　這是小朋友在小蕃薯網站裡找到的資料：

磁浮列車就是利用電磁鐵的同性相斥、異性相吸的原理，使列車懸浮起來，再用電動機或噴氣發動機推動前進。

利用磁鐵吸引力使車輛浮起來的磁浮列車，用的是 " Ｔ " 形導軌，車輛的兩側下部向導軌的兩邊環抱，在車輛下部的內翻部分，面上裝有磁力強大的電磁鐵，導軌底部設有鋼板，鋼板在上，電磁鐵在下。所謂電磁鐵，就是一個金屬線圈，當電流從中流過時能產生磁場，吸引車輛向上，吸引力與車輛重力平衡，車輛就可以懸浮在導軌上方一定高度上，改變電流，也就改變磁場強度，使懸浮的高度得到調整。

另一種磁浮列車，採用相斥磁力使車輛浮起。它的軌道是 " Ｕ " 形的。當列車向前運動時，車輛下面的電磁鐵就會使埋在軌道內的線圈感應出電流，使軌道內線圈也變成了電磁鐵，而且它與車輛下的磁鐵產生相斥的磁力，把車輛推離軌道。利用相斥的磁力懸浮列車，一開動，很快就可以加速到時速五十公里，跑了五、六十公尺的距離之後，便在軌道上懸浮起來，沿著地面越「飛」越快，所以也被稱為「會飛的列車」。

＋ & －

磁浮列車是以正負極的同性相斥、異性相吸原理打造的，小
朋友在龍陽路站磁浮展覽館裡自己找到不少答案。

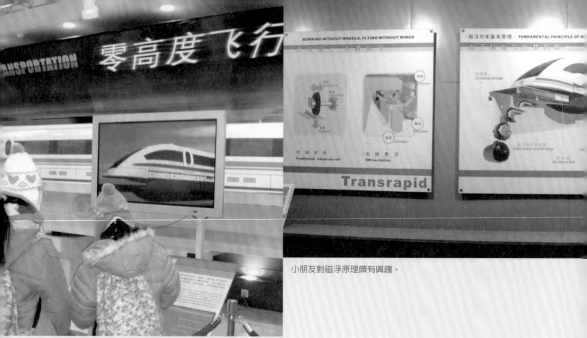

小朋友對磁浮原理頗有興趣。

的車廂裡，小朋友提出了這樣的問題？

　　這又把老媽子和老爺子給問倒了？

　　我們全都是學文科的，遇到這種理工上的問題，真的就是一付莫宰羊，只能片面地想像應該是利用磁鐵相吸、相斥的原理，至於是否真的如同字面上的「磁浮」，真的浮在軌道上？或「磁浮」僅是個形容詞，藉以描述火車到底有多快，都得再查證。

　　看來，回台灣之後，我們又有功課可做了，不管是婦孺三人組或是老爺子，肯定都得為「磁浮列車」的原理翻閱眾多參考資料，去解開大夥的疑惑。

　　每每遇到這種情況，老媽子很喜歡將之視為旅行的重大收獲，大人不見得什麼都懂，小孩子提出的問題，也往往是大人所忽略的，大家一起來找答案，所謂的「教學相長」，便是如此了，對老媽子而言，也真的活到老學到老了。

　　正當婦孺三人組和老爺子還在為磁浮列車的

原理發出層層疑問時，車廂內電子螢幕所展示的公里數，一直不斷地攀升，166、252、281、329、398、411、430、431，「哇！好快喔！」小朋友驚呼聲連連，姊姊還趕忙看著車窗外的景物，每一棟房屋也好像都在快速奔跑一般，彼此依反方向競走，更加拉大了距離。

　　當速度到達431的巔峰之後，螢幕上的數字，又開始慢慢下降了，直至終點站。

　　婦孺三人組為了印證磁浮列車是否真如廣告所言，七分多鐘就可以從浦東機場到達市區，我們還特別記錄了啟動時間，當時是16:47:07，待列車抵達可以連接地鐵二號線的龍陽路站，時刻表上的顯示時間是16:54:17，算一算，這一趟行程，只有7分又10秒。

上海磁浮列車

上海的磁浮列車，是目前世界上最快的列車，時速可達431公里，於2003年1月開始營運，票價是單程50元，來回80元，購票時可刷卡付費。

上海科技館

十、電腦會發霉？

上海科技館，真是大，大到她曾在2001年舉辦過APEC亞太經合會，各國領袖曾經齊聚於此，權力夠「大」；還有她的空間也真是大，大到讓老媽子逛到一半時，巴不得自己立即變成殘障人士，可以申請輪椅，讓輪子代替我的雙腳逛完全館。

科技館的規劃和立意，與我們的國立自然科學博物館、台北科博館有異曲同工之妙，都在推廣科學教育，以簡單的遊戲和日常生活常見的事物，來激發小朋友對科學的興趣。所以，建築本身就非常的科技。

整棟建築像個透明體，由幾千幾萬片的三角形玻璃組合而成弧型，所以從每一個角度看出去，都可以裡裡外外一覽無遺；建築主體的正中央，還有一個球體建物，圓柱也是由透明玻璃組合的，大球包小球、大玻璃覆蓋小玻璃，像萬花筒一般層層投射、又層層反射。

整棟館有四層樓，規畫有十二個主題區和四個科技電影院，從地球探索、生物萬象、機器人世界、科學遊戲、電子資訊、宇宙太空……，甚至適合幼稚園小朋友的兒童科技及大人關心的醫療健康，每一個主題都設有專區。最吸引小朋友的，當然是可以讓他們親自體驗的各種科學遊戲，動動手、動動腳，再動動腦，

小朋友告訴我，遊戲區的設施有些和台北差不多，早在前幾年，學校的戶外教學就帶她們到過科學館了，只是上海的空間更大、種類更多。

在遊戲區裡看到一個畫面挺有趣的，原本是七十歲的爺爺帶孫子來玩，結果是爺爺玩得比孫子還起勁。這個爺爺竟一個人坐在體驗離心力的遊戲機裡，任由機械帶著他不停地旋轉、旋轉、旋轉，老爺爺始終閉著眼睛，整個過程未曾睜開過。由於速度愈轉愈快，看得婦孺三人組在旁邊也跟著緊張，也跟著捏把冷汗，實在擔心這位老爺爺的心臟會受不了。

待遊戲機停下來之後，婦孺三人組還很認真地在旁觀看，這位老爺爺的眼睛「睜」開了沒？

還好，沒事。

看到老爺爺陶醉在科學遊戲裡，倒讓老媽子想起一件趣事，那也是發生在老人家身上的。一位朋友的媽媽年紀七十幾歲了，當然不懂電腦，卻常聽兒女及孫子們在玩電腦、看電腦，也常聽他們在說病毒、中毒等電腦語言，有一天，她又聽到子孫輩們在討論電腦的事，有人說電腦要隨時更新，才不會中毒；也有人說，他的電腦就曾經中過病毒，所有的資料都不見了。

朋友的媽媽突然接了一句：有病毒，就要常打掃、擦乾淨，不然電腦會發霉ㄌㄡ！

太空人・真空包
小朋友對太空人厚重的裝備沒多大興趣，不過，卻對吃的小黃瓜、罐頭真空包食物，充滿了疑問。

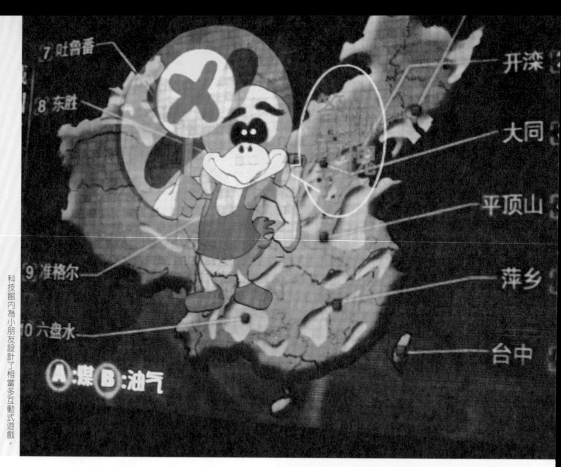

聽得一群人差點沒把嘴巴裡吃的東西全部噴出來。

宇航天地館，一定要去看一看，那會讓你知道太空人在太空艙裡都吃些什麼？

由於中國是繼美國、俄羅斯之後，第三個將太空人送到太空的國家，因此這個館展示了相關的航太資訊，像火箭、太空衣、太空食物等等，館內都有模型展示，一瞧才知道，太空人吃得挺不錯的，有蛋、有小黃瓜、叉燒肉，連月餅和烤麩都有，每一種都用特殊的真空材料包裝起來，有點像市面上的真空鋁箔包。

不知朋友的媽媽看了這些太空人設備會怎麼連想，包得這麼緊，應該不會發霉吧！

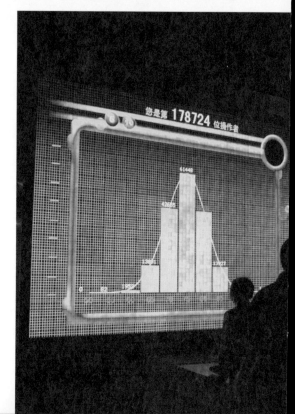

上海科技館

位於上海市浦東新區世紀大道2000號

8621 68542000 scimuseum@sstm.org.cn

愛因斯坦和知名的304號房。

1882年7月26日晚，中国第一盏电灯在礼查饭店门口亮起，画面反映了市民观灯的热闹场景。

On the night of July 26th, 1882, the first electric light in China was illuminated the door of Richard's Hotel. The picture reflects the lively scene of people viewing the light.

這是浦江飯店裡頭最有名的油畫，紀錄中國第一盞路燈點亮的情形。

十一、中國的Hello Kitty

一大早就招手「打的」到浦江飯店，不是來吃早餐，也不是趕來湊什麼熱鬧，而是想來感受一下愛因斯坦的威力，看看小朋友可不可以變得更聰明一點。

浦江飯店304號房大概是全中國最有名的房號了，特別是去年，也就是2005年，全世界為紀念愛因斯坦發明「相對論」屆滿100週年及紀念愛因斯坦逝世50週年，世界各地掀起一片「愛因斯坦」熱潮，讓「愛因斯坦」成為一個話題，台北的101大樓還曾利用燈光秀出相對論的公式，上海科技館也展出了愛因斯坦的重要理論，曾被愛因斯坦大駕光臨過的浦江飯店，當然無法置身度外。

浦江飯店其實是一棟可以讓人緬懷歷史的地方，她位在黃浦路15號，跨蘇州河的外白渡橋

邊，被列為優秀歷史建物。

浦江飯店創建於西元1846年，即清朝道光26年，距今有160年的歷史，由英國人禮查所創，故原名禮查飯店（Richards Hotel），是上海開埠（也是全中國）以來第一家西式飯店；1910年原地拆除重建，採部份鋼筋混泥土、部份磚木結構，1912年完工，呈現英國新古典主義風格。

即使時光流逝近百年，現在走在浦江飯店裡，悠悠長廊裡的木質地板、木質扶梯、木質拱門，仍透著氣般地流洩出歷史在時間軌道裡所曾留下的點點滴滴，讓人不自覺地會去想到百年前的上海租界、抗日戰爭、四行倉庫……，甚至是南京大屠殺。

這年紀的小朋友特別喜歡看恐怖片，「鬼來電」、「恐怖夜車」，同學之間討論得火熱，沒事，還愛說鬼故事，自己嚇自己；最新的恐怖

304號房的內部陳設。

電影廣告詞,全在小學生之間流傳。

一聽到我在講「南京大屠殺」,小朋友感興趣了,頻頻追問:「那是什麼?」「是一部電影嗎?」

「那是一部比恐怖電影還可怕的真實歷史事件。」老爺子說著。

不知怎麼地,我在台灣土生土長,我和南京非親非故,也沒去過南京,但是每每聽起「南京大屠殺」這五個字,心裡會打一個冷顫,老記起紀錄片裡,一位日本軍官一手握著武士刀,一手拎著一個人頭,面露凶光的殘暴模樣,這個畫面真是令人不寒而慄。

曾到過南京的朋友告訴我,南京設有一處紀念館,一進去就有一股寒氣,成堆的萬人塚,看了才叫人難過。

「日本人為什麼要殺那麼多人?」小朋友問著,老爺子耐心地從日本發動第二次世界大戰、侵略中國、殺了成千成萬人,講到台灣為

什麼曾經是日本的殖民地……。

只是環境變了,現在中國經濟起飛,全世界都想要來中國大陸,學中文成為一股熱潮,連日本人也不例外,一位住在上海的台商,兒子的同班同學當中,有一位小女孩是日本人,爸媽都是日本的上班族,當她十歲時,父母就將她送來上海學中文,父母所持的理由是:「妳的未來就是要和他們『競爭』,怎能不去學中文?」這位小女孩在上海已經二年了,每年寒暑假才回日本與父母團聚。

我歎了一口氣說:「現在中國人是要用經濟實力向當年曾欺負過他們的人討公道。」

沒想到姊姊竟然回答說:「我以後不買日本產的Hello Kitty,我要買中國產的。」

「小姐,你有一點著作權概念好不好,小心,仿冒品是犯法的。」

她們才從304房走出來沒多久,這種反應,到底是變笨?還是變聰明?

浦江飯店

浦江飯店在歷史上的重要事件，還不僅僅是愛因斯坦曾於1922年住進304號房。中國第一盞電燈、第一部電影、第一具電話也都從浦江飯店開始的。

時間	事件
1882.7.26下午7:00	電廠正式向上海供電試燈，在6.4公里的線路上，串接15盞燈，禮查飯店就點亮了7盞，當時上海街頭盛況空前，市民對「奇怪的自來月」歎為觀止。浦江飯店三樓中庭保有當時盛況的畫作。
1908.6.9晚上	禮查飯店在花園裡放映當時被稱為「巴黎電戲」的西方半有聲電影，這是中國首次放映半有聲電影。
1901	上海第一版商務通訊錄，禮查飯店就明列其中，電話號碼為200，這是上海最早使用的電話紀錄。浦江飯店仍保有當時電話的機具和器材。

小朋友唬人的數學題

愛因斯坦的「相對論」，對科學界造成重大影響；小朋友之間的「數學題」，則是新世代的新發明，有點無厘頭、趣味性，又有公式可循，建議所有為人父母者，一定要學個幾招，絕對可以唬唬人。

唬哢招1：

1888除以2，怎麼變1000？

解答：1888中間劃一橫，就成了兩個1000了。

唬哢招2：

（電話前4碼）乘以80加1乘以250加（電話後4碼）再加（電話後4碼）減250除以2等於電話號碼。

範例：電話號碼是25233728

$2523 × 80 + 1 × 250 + 3728 + 3728 － 250 ÷ 2$
$= 25233728$

PS：小朋友說，這是魔術題，好像在計算機上隨便亂按，卻能按出家裡的電話號碼出來。

浦江飯店的樓板會吱吱叫，中庭陳列相當多的古文物。

上海最有氣質的多倫路徒步區。

十二、阿Q精神、阿Q桶麵

上海的多倫路，是一條瀰漫著濃濃文化氣息的街道，除了當年魯迅、茅盾、郭沫若、葉聖陶等文學家，倡導文學活動之外，包括孔祥熙公館、白崇禧公館……等豪宅大院，也都在多倫路附近。

「孔祥熙是民國初年的財政部長，夫人宋靄齡，是前第一夫人宋美齡的妹妹，宋美齡的姊姊宋慶齡嫁給國父孫中山先生；白崇禧將軍就是作家白先勇的父親；魯迅的『阿Q正傳』是非常有名的一本書……」當老媽子走在很有氣質的多倫路上東拉西扯地告訴小朋友這些有名的人物時，也故意假裝成很有學問的樣子，告訴小朋友這些人物的來由。

配合著多倫路的文化氣息，道路兩旁的建物，除了一棟又一棟的別墅改裝成的茶館、餐廳，一付優雅、悠閒的模樣之外，連攤子都有那麼一丁點氣質，販賣的商品多是字畫、書籍、古董，再沒文化的人，多少也都會被感染一些些。

講著、講著、看著、看著的同時，老媽子也會互動式地問小朋友們：「你們聽過國父孫中山吧！」姊妹倆點點頭。

「聽過白先勇吧！」姊妹倆也點點頭。

「聽過『阿Q』這個名詞吧！就是源自魯迅寫的『阿Q正傳』。」姊妹倆搖搖頭，姊姊並說：「只聽過阿Q桶麵。」

「阿Q桶麵」？！

老媽子真的接不下去了。

十三、誰來扶我一把？

在台灣，連「下雪」是什麼，一輩子恐怕都看不到，滑雪，更別說了。就是因為完全沒有這種機會及經驗，據說上海有座室內滑雪場，還聽說是全亞洲最大的，小朋友們早在旅遊書上用紅、藍色標籤註記，就是姊妹倆一定要去的啦。

根據婦孺三人組事先收集到的旅遊資訊顯示，滑雪的價錢是一小時人民幣125元，但如果是在星期一到星期五的中午十二點以前，可享優惠價100元。

有了這項訊息，婦孺三人組怎麼樣也要早上就到滑雪場，當天絕不敢睡到自然醒，或是賴床，早早就起來了，因為滑雪場距離市中心有一段路，必需先搭地鐵1號線到莘庄站之後，再轉搭十分鐘的計程車才到得了。

依著路線前往，大概一個小時就可以到達「銀七星室內滑雪場」。

這座滑雪場的滑雪道，長380公尺，寬80公尺，同時可以容納上千人，室內溫度保持在零度以下，人造雪的厚度達50公分。

一到了購票處才發現，旅遊書上的資訊全是錯的，滑雪場的價格常會配合假期或季節而做調整，根本沒有早上的優惠價格，小孩子憑學生證二小時90元，大人138元，若要請教練，費用是一人一小時60元，半小時30元。

ㄅㄟˋ，比旅遊書上的價錢便宜很多耶！

愈來愈興奮了，我們依著每一道程序，租到衣服、雪鞋、雪橇和雪仗，準備來一場生平的滑雪處女秀。

亞洲最大的七星室內滑雪場。

雪仗‧雪杖
拿雪杖打雪仗，打雪仗用雪杖；妹妹不懂姐姐的繞口令，一直問：「仗跟杖，不是都一樣嗎？」

教練說，用雪杖做支撐，身體往前微微傾斜，再將雪杖往後滑，就可以慢慢前進了，說來奇怪，同樣是教練講的話，小朋友照著做了，果然輕輕鬆鬆可以滑行好幾公尺，老媽子還是像一隻被困住的螞蟻，無論怎麼使勁，前進的距離，還是以公分計，老早就被小朋友們遠遠拋在腦後了。

眼看著小朋友們都已經陸續要登山，準備一躍而下了，老媽子似乎還是在原地徘徊。想當年有一段時間，滑冰很風行時，老媽子也是滑冰高手，沒有教練、無師自通，還可倒退滑冰，冰鞋滑過之處，皆呈葫蘆形的曲線狀，美極了，老媽子還喜歡故意穿短裙，當速度加快時，裙襬飄呀飄地，多美！

平常在電視上看到歐洲阿爾卑斯山的滑雪選手，迎風而上、順風而下，優美不已的滑雪姿態，本來還自以爲是地也可以表演一段，現在都別想了，光想到自己還像一隻小螞蟻般匍匐前進時，就將希望全寄在女兒身上了！

想想，眞是不勝唏噓，難怪長江要後浪推前浪，前浪了無痕了。

看著兩個小姑娘在教練的指導下，好像一切都很順利，沒多久的功夫，我就看到姊姊先行從上而下，緩緩地滑了下來，她用雪杖和雪橇間的距離控制速度和刹車，不到幾秒鐘，她已

安然滑在我旁邊了，開心極了地說，好好玩哦！講完，一溜煙又滑走，她想再試一試。

妹妹就不像姊姊那麼平順了，摔了一個跤，讓教練扶起來之後再繼續。

來來回回之間，姊姊已經是高手了，當老媽子好不容易到達山頂，望著坡下的點點人群時，「老」的感覺油然而生。看起來也不是很陡的坡，就是會怕，怕到整腦子一直想著教練的話：靠雪橇的距離控制速度和刹車、靠雪橇的距離控制速度和刹車……，想著想著，慢慢地就順著坡度準備往下滑。

才滑沒幾公尺，怎麼風變得這麼大？速度怎麼這麼快？怎麼山下還那麼遠？還沒到嗎？風好大啊！好快哦！雪橇怎麼控制不住了？噗通，跌了個大跟斗。

沒滑過雪不知道，穿著雪鞋、雪橇，跌倒了根本起不來，除非有人扶你一把，或是自行將裝備卸下才站得起來，否則只能像拋錨車一般，佇在原地，等待「道路救援」。

你們猜，老媽子等到誰？

老爺子剛好從旁邊經過，伸出手來，扶了我一把。

銀七星室內滑雪場
位於上海市七莘路1835號　86-21-64788666

第六章　台灣囝仔逛上海

古鎖
Google

我從來不知道這種數字、國字對到才能開的古鎖，和現代的搜尋引擎Google 會有啥關連，不過，小朋友一付很肯定地說：「發明Google的美國人，一定看過這種中國古鎖！」

第 六 章
台灣囝仔逛上海

一、地鐵文化

1、大風吹

　　享受慣了台北捷運的井然有序，來到上海搭地鐵，簡直比衝衝衝還猛，根本就是每到一站，就像在玩「大風吹」遊戲，每個人都在搶位子，什麼老弱婦孺，只是掛在嘴邊的口號。

　　生活在上海，地鐵是最便捷的交通工具，車廂內也很乾淨，不用擔心座位上會黏有口香糖，但一定要練就一身「搶功」，才可以在車廂內掙得一「席」之地。因為每一個地鐵站，尤其是巔峰期間，沒有人懂得什麼叫「排隊」，不管是上車或下車的人，全都站在車門前擠成一團，誰也不讓誰，沒有靠右或靠左，大夥擠著上下車、搶著佔位子。

　　台北捷運列車設有博愛座，上海地鐵也有，座位上印有「老弱病殘孕專座」，車廂上的電腦語音，也會播放「請為需要幫助的乘客讓個位」，但是這個位子，婦孺三人組從來沒有看過真正需要幫助的人坐過，都是年輕人，他們理所當然的搶位子、安然地坐在位子上。

　　記得網路上有篇文章，是一位日本人寫出他來台灣旅行時，對台灣的感覺，他覺得台北人很冷漠，但唯獨捷運及公車上的博愛座，絕對不會有人去搶著坐，也絕對有人會讓位給老弱婦孺，這位日本人很推崇台北人在這方面的教養。

　　有個台商朋友和我開玩笑說，難怪上海人很會吃，不管男男女女，總會將一大碗的飯吃光光，再搭配二、三大盤的菜，也會吃得一滴不剩，因為他們要時時保持體力，否則哪有力氣擠啊擠的，像玩大風吹的遊戲一般，非得搶到一個位子不可，

外灘觀光隧道裡的列車。

慢了一步就沒了。

　　朋友說的「吃」，婦孺三人組也真的見識到了，由於當「老外」，三餐老是在外，我們喜歡到處吃，看上海人吃些什麼？和上海人一起吃。婦孺三人組在點菜時，往往也會瞄旁邊桌的幾眼，看他們點些什麼，好做個參考，結果我們發現，不僅男生會吃，女生也一樣，我們就常看到一桌二個女生，可以叫二大碗飯（像碗公那麼大的碗），外加三盤炒菜和一大碗的湯，點來全部吃光光，但讓人訝異的是，上海街頭的胖哥胖姊並不多，這點，對於天天怕胖的台北人來說，真想去請教他們到底是怎麼減肥的？

上海地鐵四通八達，成為最方便的交通工具。

　　還沒請教我的朋友，我想，他的答案一定是：「搭地鐵。」

2、巧幫

　　上海地鐵列車的電腦語音，除了叫大家要為需要幫助的乘客讓個位之外，還會附加一句：「共同抵制賣報、乞討、賣唱」，偏偏在列車內都看得到，由其是賣報和行乞，天天在每一輛列車重覆不停地上演著。

　　據說，全世界擁有地鐵捷運的都市，沒有一個城市像上海一般，會特別針對「賣報、乞討、賣唱」等行為，直接透過電腦語音在列車廂裡播放，顯見這個問題的嚴重性。

　　婦孺三人組曾看到一個年約三十來歲的婦人，因為天氣冷的關係，穿著厚厚的、舊舊的衣服，手裡抱著一個仍在襁褓中的小baby，在地鐵車廂內，逢人便伸手要錢，一個要過一個。

　　婦孺三人組很習慣性地去看每一個人的反應，我們發現，大部份都當成沒看見，不理會就是了，但還是有人會發飆。我們就看到一位中年女性，操著濃濃的

除了地鐵，上海也有輕軌。

上海口音說，剛才不是才看過你而已嗎？你剛才不是才要過嗎？怎麼現在又出現了？

這位丐幫女成員也不管她的叨唸，依舊抱著孩子，繼續她的乞討行程。

還有一次更毒了，同樣也是在地鐵車廂，這回的乞討者換成一位年約七十歲的老太太，她佝僂著身子，行動不便、亦步亦趨地逢人要錢，同樣的，絕大部份的上海人也不搭理她，偏偏又有人跳出來了，這回是個身強力壯的中年男子，他還是坐在我們所謂的「博愛座」上，當老太太走到他的面前，伸出一雙佈滿風霜、滿是皺紋的手，希望他施捨一點時，這位老兄竟然拉大嗓門，破口大罵起來說，你裝可憐，我最瞧不起你們這種好吃懶做的人，我什麼都不會給，裝可憐。

說得這位老太太，也皺起眉頭回了幾句，但她說的不像國語，我完全不知道她到底說了什麼，只看她嘴裡唸著唸著，穿過車箱內站立的人群，又往另一個車廂去，與抱小孩的婦人一般，繼續她的丐幫生涯。

至於那個身強力壯的中年男子，還是坐在博愛座上，嘴巴唸個不停，還是那幾句話重覆來重覆去：「裝可憐、好吃懶做。」

婦孺三人組站在靠車門處，單手握住扶把，三個人六隻眼睛，面面相覷，一句話都不吭。老媽子的心裡，倒暗自罵著：「眞是刻薄。」

地鐵站時常看到「一人快遞」在交貨結帳。

3、一人快遞

人搶人的戲碼,天天在地鐵站重覆上演,搶位子,也搶錢;所謂人多的地方就有商機,在地鐵站裡,就盛行著「一人快遞」,只要付出一張票的成本,就可以賺錢了。

這種賺錢方式很簡單,只要肯做、肯跑,混口飯吃絕對沒問題。

上海的地鐵也和台北捷運一樣,買了一張票進去,如果不出站,還可以來來回回搭好幾次,上海的地鐵票是沒有時間限制的,只要是同一天,你可以在各條路線之間來來回回穿梭,從早上第一班列車到晚間最後一班列車都可以。

商機來了。「一人快遞員」就廣接快遞信件,從這一站送到那一站,雙方約好幾點幾分在幾號出口會面,快遞員在地鐵站內、客戶在地鐵站外,雙方隔著地鐵站的護欄,一手交錢、一手交貨,銀貨兩訖。

待雙方都OK之後,快遞員再趕往另一站,再去接其他的案件,整個地鐵站就是他的工作地點,只要手機帶在身上,隨時可取件,也隨時可送件,據說生意不錯呢!

這種交易法很像網路拍賣商品的「面交」,老媽子也曾幹過這種事,就是和得標者約在忠孝復興站,隔著護欄交易,很方便,誰也沒損失。

這種賺錢方式,挺聰明的。只要肯做,處處是商機。

二、未來卡奴

台灣每天都在上演「卡奴悲歌」，有人因卡債，被逼到走頭無路，全家燒炭自殺；有人還不起卡債到處跑路，害怕被討債公司找到，家長的無奈，連累到無辜的小孩，也跟著到處躲，連上學都像在逃難。

卡債像個恐怖的毒瘤，不斷吞噬卡奴們的血，甚至連骨頭都要吃進去。可憐的台灣社會。

現在的上海，有一大群人，很有可能會成為未來的卡奴。

婦孺三人組在地鐵站，彷彿看到十年前的台灣榮景，當時景氣好，各家銀行爭相推出信用卡、現金卡，每家銀行都在衝業績，從年費1200元、刷十次免年費，到最後完全免費送贈品，之後再來最低付款額，分期付款，標榜讓你付得輕鬆，繳得輕鬆，但銀行從沒告訴你，錢從那裡來？如果有，也是要你再辦現金卡，錢，再借就有了，以卡養卡、以債養債，結果養出了全身長滿毒瘤的卡奴。

回想起幾年前，信用卡業務方興未艾的時候，哪一個捷運站、戲院門前、夜市等人潮聚集的地方，沒有設攤擺櫃的信用卡公司；業務員不停地吆喝，免年費、送贈品，吸引一堆人來辦卡，手續簡單到簽個名就好了。現在這種現象也移植到上海了，幾個地鐵線交會的大站，不管是在地下通道或是出口處，已經有銀行大舉在招攬信用卡了，方法如出一徹，擺攤設櫃，免年費，手續簡單，每個攤位前都吸引大批人潮，也和台灣一樣，以年輕人居多。

寫文章的人會說，天下文章一大抄，兩岸的商業活動好像也是抄來抄去，很擔心這些搶著辦信用卡的年輕上海人，十年後會不會也是卡奴一族？！

肯德基的布置極富教育意義。

三、有教育功能的肯德基

「這不是我要的肯德基。」「這不是我要的肯德基。」一則創意廣告、一句廣告詞，讓肯德基又在兒童間掀起旋風，很多家長都是因爲這句廣告詞，被小朋友牽著鼻子走到肯德基，非吃肯德基炸雞不可。

在上海，肯德基與麥當勞的家數，多到數也數不清，只能用到處看得出來形容，肯德基可以在徐家匯港匯廣場附近方圓不到五百公尺的地方，連開了三家店面；麥當勞同樣也可以在南京路徒步區一帶，每隔幾百公尺就開一家。

真的，來上海吃麥當勞、肯德基，真會被笑死，但家裡有小朋友的人就知道，如果沒去吃麥當勞、肯德基，準被唸死，你選哪一個？

就去吧！

結果婦孺三人組又發現一些很有趣的事；上海麥當勞竟然有不實廣告。

上海的麥當勞有一種熱飲，名稱叫「蘋果蜜」，看著海報上打出的廣告圖案，淡紅色的茶湯，還附有一小顆一小顆碎碎的果粒，佈滿整個表面，熱呼呼的，在寒冷的冬天裡來上一杯，挺暖和的。

婦孺三人組點了一杯試試看，一來暖暖身子，二來嚐鮮嚐鮮，看看上海麥當勞和咱們台北有什麼不同。

回到坐位，打開杯蓋一看，一杯淡紅色的熱飲，除了熱呼呼的、冒出陣陣白煙之外，其他什麼都沒有，完全沒有海報上拍攝展示出的層層果肉；喝起來的味道，就是蘋果味道的水果茶。這款產品，台灣的麥當勞並沒有。

這在台灣，早被投訴到消基會或公平會了，哪容得業者偷工減料、不實廣告。

肯德基就不一樣了，產品和台灣大同小異，但店內裝潢，卻完全不一樣，上海的肯德基，牆上還會掛著樂器，清楚的標示著每一種樂器傳入中國的年代，讓每一位來店用餐的人都知道，琵琶是在西元前350年傳入中國的、月琴是西元前250年、大川鈸是西元4世紀時，隨天竺樂，由印度傳入的、嗩吶是在西元前450年、三弦則是在西元前200年，大約秦朝的時候。

另一家分店則是在牆上掛了一個個的瓷盤，

台灣人．台灣味
只要仔細逛，在上海多的是與台灣相連結的人事物，要患思鄉病，很難！

全世界唯一一家中國式建築的星巴克。

每一個瓷盤都紀錄著肯德基創辦人的生平點滴，他在哪一個年份做了哪些事蹟，記載得很清楚，讓人一邊吃著肯德基炸雞，也一邊記著肯德基的由來，是很不錯的行銷手法。

這種感覺蠻好的，為什麼台灣的肯德基看不到呢？也許肯德基可以展示阿美族的服飾、卑南族的文化、塞夏族的矮靈祭……，全國的小學生就可以輕鬆一點、少死背一些了，因為他們的課本就教這些。

回到台北的肯德基吃炸雞，老媽子也很想從台灣家長的角度，大叫幾聲：「這不是我要的肯德基。」「這不是我要的肯德基。」

四、阿母

排隊這件事，在上海很平常，去很多地方都要排隊，全因為人多，結帳要排隊、買好吃的小籠包要排隊、買票也要排隊，但插隊的人更多。

有一回，我們在靜安寺附近的久光百貨超市買東西，這是一家日系百貨，販售的商品多屬高檔貨，當天，我就看到台灣藝人羅霈穎，她右手拿著LV的丹寧包，左手拎著GUCCI提袋，穿著黑色長靴和淡藍色的毛衣外套，很貴婦的模樣。聽說，久光百貨常有台灣、香港及大陸的名人前來逛街採購，就有朋友看過劉爾金、

高怡平、方芳芳等人。

久光百貨的購物環境蠻不錯的，有點像台灣的新光三越，來自台灣及日本的商品特別多，齊全到讓人完全沒有「鄉愁」，台灣水果、新竹米粉、麥香紅茶……，連小朋友最愛吃的味味A排骨雞麵，這裡也可以成箱的買，在這樣的環境下，沒想到結帳時，還是有人要插隊；插隊的人，外表看起來有點氣質，也是一付貴婦裝扮。我看了她一眼，並對著小朋友說，有人插隊，沒想到口無遮攔的語言，竟被這位「假貴婦」聽到，她還嘀咕了幾句：「誰插隊、誰插隊。」真懶得理她。

以前就有朋友和我說，別看上海年輕女孩打扮入時，但走著走著時，突然就會隨地吐一口痰，讓人怎樣都覺得噁心；我本來還半信半疑的，這下全信了，外表可以靠衣著包裝，但內在教養，卻是一種文化，必需長時間培養的。

有了這次經驗，婦孺三人組就約定好，以後若在公共場合說話，儘量用台語，省得讓別人聽懂我們在說什麼，惹來不必要的麻煩，小朋友一律點頭說好。

才口頭約定好沒幾分鐘，妹妹突然有事要說了，我們當然仔細聽個清楚，她脫口就用台語說：「阿母，我想噯便所。」

哇咧～～台語那麼多，一定要用這句嗎？

超人氣的南翔小籠包，撥蟹黃的女工現場表演。

五、南翔小籠包

說到排隊，可好玩咧，老媽子幹了一件只有台灣人想得出來的事。

剛到上海前幾天，聽人家說「豫園」很好玩，可以去看看，反正有人推薦了，再參考旅遊書上的介紹，好像挺不錯的，就走吧！

沒想到剛好遇到過年黃金周假期，整個豫園像個「人窟」，走到那裡都是人，不管是當地人、外地人、本國人、外國人，全都是人，每一條街道、每一家商店，全都是人，人多到根本不用走，自然而然就有人會「推」著你往前進。

半推半走地晃了一圈才發現，豫園的特色是傳統建築，連開在這裡的星巴克咖啡（STAR-BUSK），外觀都要配合整體特性，改裝成中國傳統雕樑畫棟模樣，完全不像來自美國的外來品牌。四周全是商店，販賣著地方特產、手工藝品等等，每一家店賣的東西都大同小異，看一家等於看了「全家」，沒啥特色。

倒是有一家超人氣的店，老爺子覺得非得去排隊不可—南翔饅頭的小籠包。

這家的小籠包可神氣的咧！不管人多、人少，排隊的隊伍長或是隊伍短，蒸爐就只有4個，一次大約蒸30籠，30籠賣完了，就再等吧！所以要吃到南翔饅頭店的小籠包，至少都得排個一小時以上。

來了，就排吧！反正排隊這件事，在台灣一點兒也不稀奇，要去mister Donut吃甜甜圈，哪一家不用排隊，老媽子也曾經排過。

順便再告訴大家一件事，上海也有mister Donut，口味和台灣一模一樣，店的裝潢也如出一轍，但是不用排隊，不管是在中山公園附近的長寧路，或是淮海中路上的mister Donut，每一家都不用排隊，隨買隨吃，婦孺三人組三天兩頭就去買幾個超人氣的「蜜糖波堤」，給他吃個夠。這裡翻譯成「芬迪鈴」，一個人民幣6元，合台幣約24元，比台灣便宜一點。

再來說南翔小籠包。

由於隊伍實在太長了，婦孺三人組用台語嘀咕討論了一番，突然想到在台灣排隊買甜甜圈時，不是有「代為排隊的人」嗎？只要你願意多花錢，「代為排隊的人」可以幫你排隊去買甜甜圈。

老媽子決定試一試，倒是姊姊很猶豫地說：「這樣不好吧！」妹妹也發出問句說：「你真的

要去哦？」

看著排隊的隊伍實在太長了，至少得等上一個半小時，老媽子不管姊妹倆的奉勸，信心十足地想去談這筆「交易」。

老媽子東張張、西望望，像獵人一般到處尋找獵物，眼觀四面、耳聽八方，終於看中一位距離購買處大約還有十五位左右的一對情侶，男生長得高高的、斯斯文文的，像個大學生；女生長得甜甜的、留著長頭髮，看起來挺討人喜歡的。

既然相中了「獵物」，老媽子深呼吸了幾口氣，鼓起勇氣前往「交涉」。老媽子還編了一個理由向情侶們說：「你們好，想麻煩你們一件事，我是台灣來的觀光客，由於旅行團的遊覽車就等在外頭，時間有限，沒辦法在這裡一直等，可不可以麻煩你們幫我買二籠小籠包，我多給你們二十塊錢。」

二十塊錢，等於可以買將近三籠的小籠包，南翔饅頭店的小籠包一籠八塊錢，有十六個。

這一對情侶，你看我、我看你地，彼此對看了好幾眼，像在培養默契一般。看著他們的表情，老媽子心想，熱戀中的男女，為了給對方好印象，總會「做些好事」，老媽子來中國大陸的第一筆交易，特別選中一對情侶，應該會BINGO才對。況且，在台北請人排隊買甜甜圈的代價是買一個多十塊錢，平均一個三十元算，報酬率是三點三成，老媽子付二十元請他們買兩籠，等於一籠十元，報酬率超過百分百。老媽子如此這般的誠懇，給的勞務費也算優渥，情侶實在沒有不同意的理由。

就在他們彼此對看了一會兒，老媽子期待著他們點頭同意之際，男同學終於說話了，他有點不高興地說：「沒這回事，我幫你買，後面的人怎麼辦，大家都是在排隊。」女的也補充了：「是嘛，沒這回事，我們也排好久了。」

你一言、他一句的，還有點提高噪門，搞得我丟臉死了，一句「對不起，那就算了。」趕快跑回遠遠的隊伍後方，與女兒會合。

女兒早在遠處看著我的一舉一動，雖然對我的作法有點質疑，但多少期待有個「美好結局」，就可以趕快吃到小籠包、不用繼續排隊、等這麼久……。

「好丟臉，好丟臉，下次絕對不再做這種事了，還搞得人家都知道我們是台灣來的，丟台灣人的臉。」老媽子對著女兒唸個不停，差點兒沒找個地洞攢進去，糗爆了。「再也不幹這種事了。」老媽子發誓般地說著。

「早告訴你吧！你就不聽。」「對ㄇㄟ、對ㄇㄟ，早就說不行嘛！」現在是換這對姊妹，你一言，我一句，全在數落老媽子的罪行，還給我笑到不行。

當媽的真難，還不是想讓她們早點吃到小籠包，省去排隊之苦，沒想到換來的代價竟是……，不勝唏噓。

我們到底吃到小籠包了嗎？當然吃到了，只是苦了那個跟班的老爺子，排隊這個苦差事，全由老爺子一人包辦了，婦孺三人組早就脫離隊伍到附近閒逛去了，待一個小時之後，再回過頭來「看看」老爺子。

「好吃嗎？」

「好好吃、好好吃。」

怎能不好吃，這32個小籠包，是用國家尊嚴和密集勞力換來的，誰敢說不好吃！

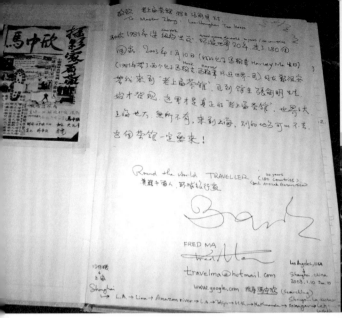

上海城隍廟（右）旁的上海老茶館最
有看頭的是來自各國的遊客留言。

六、吐痰文化

「豫園」附近一大片區域，是上海最熱鬧的商業區塊之一，有老街，有24小時不打烊的熱鬧商
圈。一整條古老建築巷道，讓你走到那裡都可以發思古之幽情，還有一些茶館，刻意佈置成二、
三〇年代的上海風情，有當時的電風扇、黑膠唱片、鋼琴、書籍、海報……等，很像我們的九
份，很多茶藝館也都佈置成五〇年代的台灣風情一樣，很復古，也很懷舊。

這類的茶館，總能吸引很多外來遊客，我就在一家「老上海茶館」的留言簿上，發現很多台灣
人的蹤影，有來自台北的、新竹的、高雄的……，各個縣市都有；小朋友也在上面簽名，表示婦
孺三人組入境隨俗的隨和、隨性。

老街之外，還有一條「南京路」，這是一處長達一公里的人行步道區，兩旁百貨公司及商家林
立，霓虹閃爍，活像香港的尖沙咀，宛如不夜城一般，熱鬧不已。

一舊一新，新舊夾陳，就是現代的上海，急著跨入國際化之餘，也必需快速甩掉傳統包袱，稍
有不慎，就會出現很多令文明人難以承受之痛。

地鐵文化裡的搶座位、不懂得禮讓，都是文明過度發展，人文素養腳步還跟不上的一種現象；
「吐痰文化」更是一絕。

隨地吐痰的行為，在上海到處可見，大街小巷、大道弄堂，大人小孩，穿西裝的男孩、打扮入
時的小姐，「呸」一聲，一口噁心到不行的白白的、濃稠的糊狀液體，瞬間可能就「呸」到你腳
邊，有個朋友就曾被一口痰沾到牛仔褲，讓她噁心到趕快要買條新的牛仔褲更換，那條沾有「不
明成份」的牛仔褲就當成廢棄物清理掉了。

我們家小朋友看了也一樣覺得不可思議，她們在台灣從小就知道不能隨地吐痰，會傳染病菌，
不衛生，這種人文素養，台灣教育得很成功，每個小朋友從小都知道。

兩岸比一比，這方面真要為台灣鼓鼓掌。

在老上海遇見老國民黨，有點時空錯亂。

七、尿尿傳奇 上廁所不關門

吐痰文化是一絕，上廁所不關門又是一絕。

十年前到大陸，當時很多廁所是沒有門的，出門要帶「三支小雨傘」，充當暫時的「門面」；現在好很多很多了，不僅每個廁所都有門，而且廁所很普遍、很乾淨，小朋友隨時想上廁所時，各家餐廳、速食店或是百貨公司、購物中心，都設有乾淨、有門的廁所，讓大家方便方便。

重點是，有門，但不關門。

有一回我們在住家附近的88港澳茶餐廳吃早餐，這家店是朋友特別推薦的，價廉物美，一碗滑蛋瘦肉粥、一籠叉燒包，再加一杯道地的鴛鴦咖啡或鴛鴦奶茶，人民幣15元，吃得你非得將剩下的叉燒包外帶不可。

吃完早餐，很自然想上廁所，老媽子順著指標，走進貼有「女性身形」的洗手間，洗手間內還分隔了三間廁所和一個洗手檯。

老媽子一推開洗手間大門，就聽到二個員工在對話，一位站在第一間廁所門外、一位則蹲坐在廁所的馬桶上，一扇門是打開的，兩個人嘰哩呱啦講個不停。老媽子不小心看了一下，

這位蹲馬桶的女士，她的褲子是褪到小腿處的，雖然老媽子什麼也沒看到，也不想看到，但卻是很不好意思地趕忙往裡面走，還連忙說聲對不起！對不起！

其中那位蹲馬桶的女士，完全不在意，還好心地和我說，廁所不供應衛生紙。

待老媽子從第三間廁所如廁完畢時，這對婦人還是講個不停，門還是大辣辣開著的。

還有一回，是到「一茶一坐」餐廳吃飯，這是一家台灣人前往投資的餐廳，在上海的規模不小，到處可見「一茶一坐」的影子，販賣的「魯肉飯」，和台灣的口味一模一樣，好吃極了。

品嚐美食的同時，換妹妹想上廁所了，她自己順著洗手間的指標，找到了洗手間，沒多久之後，她回到位子和我說：「媽咪，我剛剛在洗手間看到一個穿得很漂亮的女生，她上廁所竟然不關門，好奇怪。」

我反問她：「那你有沒有關門？」

「有啊！否則我尿不出來。」妹妹睜大眼睛回答著。

那就好，出門旅行，可以入境隨俗地隨和、隨性，但千萬不能隨便。

蠻乾淨的流動公廁（左）。

城隍廟賣門票，讓小朋友大為驚訝。

八、拜拜要門票

台灣寺廟何其多，中國大陸又何嘗不是，可是在這裡拜拜要買門票，完全少了拜拜的虔誠和對神祇的敬重。

上海「豫園」內有座城隍廟，創建於明朝永樂年間，約西元1403～1424，有將近600年的歷史，是一所道教寺廟，於文革時曾遭破壞，神像被毀，直至1994年隨著宗教信仰自由開放，城隍廟才得以恢復昔日舊觀。

若放在台灣，以台灣的標準來看，這種將近六百年的歷史建物，一定是「超級的一級古蹟」。鹿港龍山寺創建於十七世紀，1786年遷建於現址，早被列為國家一級古蹟；新竹城隍廟，建於清乾隆年間，則被列為二級古蹟，上海城隍廟有將近600年耶！

不管是鹿港龍山寺或新竹城隍廟，不管是廟方或當地政府，總會花費大筆宣傳預算，希望大家踴躍前往參觀祭拜，欣賞古蹟之美及期盼香火鼎盛之外，也希望推廣文化藝術和帶動地方發展；各廟宇的大門永遠都是為香客、為信徒敞開的，一定是免費的，除非你是自願要捐香油錢。

但這裡的廟宇可不同，大門前就圍了一道長長的柵欄，柵欄邊設了一道小門，門邊有個購票亭，寫著「上海城隍廟售票處，每人一券，一券五元。」地面上還放了一個立牌，「憑票送香，外來香燭，勿帶入廟。」

想想，台灣的宗教真的是有夠自由，什麼教都有，不管外來或本土，台灣人都像廣納百川一般，任其自由發展，慈濟功德會、佛光山可以發展到全球各地；宋七力也可以在電視上說，他的「分身」看到謝長廷當國王；大教堂、小教堂，散處在大街小巷；各種道教神壇，也是舉目可見；連騎腳踏車街頭傳教的摩門教徒，也挺受歡迎的，個個都是中文流利的年輕帥哥。

還有網路上的宗教網站更是神奇有趣了，有些廟宇還設計了擲筊、抽籤詩、上香獻果祭祀等有趣的遊戲，讓你隨時可以在網路上祈福、卜個卦，探試自己的運勢，這些全都是免費的，老媽子就常幹這種事，沒事就愛上幾個網站瞧一瞧，看星座運勢、卜卦問前途，管他準不準，好玩就是了。

來到上海，竟然連拜拜都要買門票，真不好玩。

不玩了。

拜拜網站
不管你信不信，反正蠻好玩的，沒事，也可以去看一看，心誠則靈嘛！
台南縣歸仁鄉仁壽宮
http://www.renshow.org.tw/
台灣財神王（金山財神廟）
http://www.godbank.com.tw/

靜安小亭物廉價美，讓小朋友連續逛了三回。

九、靜安小亭

很多觀光客來上海，一定會到襄陽市場，這是仿冒品的大本營，全世界的名牌，在這裡都可以看到最新的款式。

殺價，也是這裡特有的文化，五十元可以殺到二十元，只要你敢開口，往往就會成交，生活在台灣的小朋友，很少體會到這種「大開殺戒」的奇觀，當老媽子為一頂禦寒的帽子，狠狠地從四十元殺到二十元時，小朋友簡直崇拜死我了，唯有這個時候，老媽子才是她們真正的偶像，同時也勾起了她們的購物樂趣。

「靜安小亭」就是適合帶小朋友前去體驗血拼、殺價快感的另一個戰場。

「靜安小亭」就在上海知名的靜安寺旁邊，搭乘地鐵2號線可以到達，一般的觀光客不會來這邊，多是熟門熟路的台商，才會知道這裡有便宜的好貨，我的訊息，就是一位台商太太告訴我的。

「靜安小亭」有點像台北的晴光市場，一間一間的，每一間的店面都很小，但販賣的東西以生活雜貨、流行服飾為主，所以在這裡你可以買到像台北五分埔樣式的成衣，價格卻只有五分埔的一半不到，光來這裡批貨，再帶到台灣去賣，搞不好都可以賺一票。

生活雜貨的東西就多著了，桌巾、椅套、門簾，質感不錯，價格便宜，還有一些童裝，台幣一千元可以買一堆，即使是在台灣的成衣市場，我也看不到這樣物美價廉的貨色，像老媽子就很興奮地挑了幾件夏季新款，今夏就省了一大筆小朋友的置裝費了。

而最讓小朋友興奮的，就是有一堆買都買不完、看都看不完的卡通飾品和物件，像全世界最會賺錢的貓—Hello Kitty，各種Hello Kitty商品，靜安小亭多的是，據台商太太說，由於全世界的大公司在中國大陸多有設廠，有些小瑕疵品或是剩餘的商品，常會被員工偷偷帶出來，這些商品往往會流向靜安小亭的商家裡，所以在這裡可以買到很多這類的商品，像小女生的髮夾、小朋友的書包、鉛筆盒、原子筆等等，款式眾多、價格便宜。

老媽子看了看、逛了逛，是真、是假，老媽子並非名牌辨識專家，完全看不出來，只是在價格上真的是便宜，一個印有Hello Kitty圖案的眼鏡盒，人民幣10元，折合台幣40元，我在台北小禮堂Hello Kitty專賣店看過類似的，一個要價五百多。還有小朋友上學可以背的書包，台北的價格是六百元，這裡台幣二百元就可以買到了。

多買一些，還有折扣；只是這裡不像襄陽市場般，可以狂殺、猛殺、惡殺，殺價的幅度有限，但是不殺白不殺，殺到還是賺到。

奧運‧奧客
火紅的奧運五小福，是小朋友自己殺價買來的。殺完了、買
定了，小朋友還很靦腆地說：「我們會不會很過分啊？」

上海的仿冒DVD處處可見。

十、仿冒天堂、無法無天

中國大陸的仿冒行為，根本就可以用無法無天來形容。襄陽市場公然販賣仿冒品，全世界的觀光客都看得到；即使連最新的影片，盜得才兇呢！

在台商聚集的古北區，販賣DVD、CD的影帶店，就像一般正常的商店，開在馬路邊。走進店內，生意好得不得了，連側個肩都得說聲「借過」，以免撞到，可見影帶店的生意有多好。

仔細一看，整個影帶店所販賣的DVD、CD全都是盜版的，只要是最新上演的片子，在架上一定找得到，中國大陸禁演李安執導的「斷背山」，愈禁愈紅，在影帶店的新片排行榜裡，名列冠軍；章子怡的「藝妓回憶錄」、李連杰的「霍元甲」；哈里遜福特的「防火牆」……等等，還有日劇、韓劇，這裡應有盡有，只要電影院正在放映的、電視有播放的，DVD店同步販售，一片人民幣六塊錢，難怪各色人種都會前來這裡，像朝聖般地光顧。婦孺三人組在這家DVD店裡，就聽到講英語、日語、韓語、台語的消費者，有位講英語的老外，可能才剛下飛機吧！提著行李箱就直接衝到DVD店裡，可見老外一到了中國，好像也不那麼重視智慧財產權了。

老媽子還看到一整排印有「康熙來了」的DVD，那才叫離譜。盜版業者將蔡康永和小S主持的「康熙來了」節目，以側錄的方式推出，每一集就是一張DVD，還自行製作外包裝，明示出該集的特別來賓是誰，成套販售，當然也可單買，一張也是人民幣六塊錢，折合台幣才24元；老媽子實在看不過去，便趁著服務員沒看到時，偷偷拍了一張照片，做為證據。

難怪老外不先回家，就先來DVD店報到；老媽子還問了一位台商，你們都買盜版DVD嗎？品質不是很差嗎？

這位台商竟然說：「路邊攤的品質才差，店面的品質非常好，況且一張電影票好幾十塊，太貴了，我們支持『反正版』。」天哪！美國八大電影公司聽到不知做何感想。

上海的銀行相當多，營業時間也很長，換外幣頗方便。

十一、用錢事宜

　　上海的銀行，不像台灣有三點半，他們營業到晚上八點，所以隨時可以將手上的美元換成人民幣，有些還連星期假日都上班呢，很方便，所以老媽子常常都是等到手頭上的人民幣快用了，才就近找銀行兌換，以免換了太多，回到台灣又要換回來，損失來來回回兌換的匯率。只是兌換時一定要將台胞證帶著，沒有台胞證是不行的。

　　台灣發行的信用卡，在上海很多地方都不能用，除非是國際知名連鎖企業，像凱悅飯店、大型購物中心、機場等等，一般商家多只收大陸銀行發行的信用卡，像老媽子在台灣申辦的中國信託、新光卡等等，幾乎都無法連線使用；倒是老爺子的美國花旗銀行卡，就四處通行無阻。所以在上海，國際卡反而比較吃香。

終於買到傳說中的「紅豆牛奶糖」(左)。當然德興麵館的蹄膀麵也沒有錯過(右)。

十二、紅豆牛奶糖

上海有一種牛奶糖很好吃,品牌叫「大白兔」,而且還要紅豆口味的。這是台媽們相當推薦的,為了買到、吃到,婦孺三人組不惜闖蕩夜上海。

我的朋友就是台媽,你知道她和她兒子怎麼形容的嗎?一大一小,一搭一唱,當媽的說,別看不起那個叫大白兔的牌子,台灣人絕對看不上眼,但偏偏就好吃到不行;那個小的就將雙手舉起,各比出勝利的「Ｖ」,放在頭頂上,當成大白兔的耳朵;嘴巴再露出兩顆大門牙,一跳一跳地,活像隻大白兔。

當媽的再說,這個大白兔紅豆牛奶糖一經台媽們口耳相傳,再上網舖到部落格裡,沒多久功夫,全上海嚴重缺貨,那個生產工廠,到現在都還一頭霧水,紅豆牛奶糖怎麼突然會缺貨缺成這個樣子!

小的再接著說,一定要紅豆口味的,好好吃、好好吃。

母子倆像唱雙簧一般,顧自推銷大白兔紅豆牛奶糖,看他們說得這樣、演得那樣,婦孺三人組怎能錯過,於是開始了一場尋寶記。

婦孺三人組初來上海,實在不可能像在台北一般地熟門熟路,要買冰糖蓮藕,就到南門市場;想吃魯肉飯,就到台北圓環邊的「三元號」;想吃天婦羅,就到基隆廟口。在上海,婦孺三人組就是外地人,不是瞎闖亂撞,就是無心插柳,或是瞎貓碰到死耗子。

有一回,我們就在外灘附近閒晃,逛了很久,不知不覺走到金陵東路,走著走著就發現傳說中的百年老店—德興麵館,點了碗著名的蹄膀麵,才知為何旅遊書上如此推崇,名列上海非吃不可的名店之一。那片入口即化的蹄膀,燜到酥而不爛、油而不膩,美味到婦孺三人組外加一個老爺子,四雙筷子全不約而同,

看準蹄膀肉伸去，爭食的盛況，好似餓了幾天幾夜似的。

這種一碗才人民幣7塊錢的極品，對外地人來說，要刻意去找，還不見得找得到呢！大概也只有在隨性的旅行中才會有的意外驚奇。大白兔紅豆牛奶糖就不一樣了，就像台媽說的，台灣人怎麼想得到「大白兔」和「牛奶糖」有什麼關係？哪個台灣人到大陸旅行會去吃「大白兔紅豆牛奶糖」？

這些台灣來的台媽，挺讓人佩服的。她們的工作就是伺候老公、陪小孩，老公是她們的吐鈔機，小孩是她們的存款機，至於機器會不會當機，就要看台媽們平常的保養維修能力了。

台媽們的維修保養功力無所不在、無孔不入，現在她們最流行拍大頭貼，目的是要隨時隨地提醒老公「我就在你身邊」。各種造型、表情都有，有像張曼玉的、有像王菲的、也有像SHE的，成熟的、酷酷的、可愛的，各種姿態，一拍就是四十分鐘，花這麼多功夫的原因，就是要把不亞於大陸妹的照片貼在老公車上、皮夾裡，讓老公隨時想到自己，小心路邊野花不要採，小心給我包二奶。

咦！這招老媽子怎麼沒想到，回到台北，我也要試一下。

台媽為了小孩的課業，陪小孩學音樂、學畫畫，還要再請家教，隨時盯著小孩；老公、小孩就是她們的重心。

不過呢！只要老公出門上班、小孩到學校上學，其餘的時間就是她們的，樂得自在地逛街、壓馬路，或是上上網，「大白兔」這個牌子就是這樣被台媽們無意間發現，上網PO一下，大白兔牛奶糖莫名其妙就紅起來了。

老媽子對上海不熟，初來乍到，知道的賣場就那麼幾個，住處對面的「龍之夢」、樓下的新世界百貨超市、好又多；聽朋友說，大白兔牛奶糖在上海很有名，隨便一個超市都買得到。

在上海要得思鄉病真的很難。

　　就在準備回台北的前一天晚上，老媽子就近先從「龍之夢」和新世界百貨超市著手，這二個賣場的規模都不小，從入口走到出口，沒有二十分鐘，也要半個小時，在糖果區翻了半天，沒有就是沒有，這時已經晚上九點了；婦孺三人組為了吃，真是豁出去了，我們決定搭二站公車，再到華東師院對面的聯華超市和旁邊的好又多賣場找一找。

　　等了幾分鐘，公車來了，上車下車，心裡砰砰跳的，這麼晚了，不曉得買不買得到紅豆牛奶糖，一看到聯華超市，完了，打烊了；再和女兒快步地走到好又多，幾百坪大的賣場，我們像穿了滑輪鞋一般，連走帶滑地直擊糖果區，哇！「紅豆牛奶糖」，架上還剩十包，全部搜括。真是「好又多」。

　　還等不及回到住處，一出賣場，馬上拆了一包，用最快的速度給他嚐了一嚐。哎喲！還真像台媽說的，台灣人怎麼會去吃大白兔紅豆牛奶糖，但真的就是好吃。像在喝紅豆牛奶湯，雖然沒有紅豆顆粒，卻有濃濃的紅豆牛奶香味，就好比到台灣大學對面的台一冰店，點一盤紅豆奶冰，整盤吃完之後，冰化了，紅豆也吃光了，卻在口中留下甜甜蜜蜜的紅豆牛奶滋味。

　　再搭車回到住處，都十點多了，老爺子擔心死了，因為逛街買東西這回事，老爺子寧願窩在房裡，也不願跟著婦孺三人組，我就獨自一人帶著孩子闖蕩夜上海。

　　還好，沒事！還皇天不負苦心人呢！

　　那十包紅豆牛奶糖，一包不知道有幾十顆，每包人民幣8.6元，我們準備帶回台灣分送給親朋好友們，雖然廉價，但卻是讓婦孺三人組找的心慌意亂、老爺子等的心神不寧，在台灣看不到、也吃不到的新甜口味。

德興麵館

總店：黃浦區福建中路529號　021-63223459

金茂凱悦相當有名的螺旋中庭。

十三、減肥

　　雖說上海人活動量大、吃得多，不過，在這個集世界各國美食於一身的國際性都市，要叫人不吃，真的⋯⋯好難。

　　三餐之外，常常還外加下午茶和消夜，而且都是熱量極高的，先從早餐說起，我們三不五時就到住處附近的88港澳茶餐廳，或是一碗瘦肉粥，搭配一籠叉燒包，或是一份奶油吐司夾蛋和火腿，這裡的冰火菠蘿油，做得道地，常常再多點一份，烤得熱熱的菠蘿麵包，夾著一片厚厚的、冰冰的奶油，一口咬下去，脆脆的、軟軟的、冰冰的、熱熱的，說有多好吃，就有多好吃。

　　午餐的種類更是看到什麼就想吃什麼，上海正流行的「土家不掉渣燒餅」，一個人可以吃二片，再配上一杯火紅的珍珠奶茶，只不過上海的珍珠奶茶奶味比較淡，粉圓的份量也比較少，不過，QQ的嚼勁，還是小朋友的最愛；或是到淮海中路的滄浪亭來碗蝦蟹麵，一整盤的河蝦夾帶著一塊塊的蟹肉，炒好後，拌在湯麵裡頭吃，口感十足，吃了一碗可以再來一碗，這裡的小菜又特別讚，來盤道地的上海烤麩，加上一碟的冰糖糯米蓮藕，飽到想動都動不了。

　　下午茶更多了，正大百貨的滿記甜品，有冰的、有熱的，養生的芝麻糊和甜豆花，吃得讓人滿是歡喜；還有到處可見的星巴克咖啡，老媽子沒事也喜歡來上一杯；小朋友的口味和大人不一樣，他們有麥當勞就夠了，倒是上海的哈根達斯Häagen-Dazs冰淇淋特別多，這是老少咸宜的味道，只不過，Häagen-Dazs的價位和台北一樣貴，所以不在婦孺三人組下午茶的「常常」選項裡，偶而吃吃看。

不管是街頭小攤的珍珠奶茶還是大飯店的餐點，熱量都高的嚇人。

有一回，我們還特別到位於金茂大廈54樓君悅飯店的咖啡廳喝下午茶，爲的就是要去欣賞君悅飯店內挑空達三十幾層樓高的建築，選擇喝咖啡吃蛋糕，只因比較符合小朋友的口味之外，也比用餐來得划算，一舉多得。

君悅飯店的挑空中庭，眞的很壯觀，你可以選定一個座位之後，整個人很放鬆地靠在椅背上，順著躺下來的弧度往上看，一圈一圈的圓弧線條呈對襯狀，依著角度逐漸盤旋而上；優美線條隔絕了外界，彷彿置身在另一個空間、另一個國度，天空離得遠遠的，只剩下一個光點，透過玻璃折射，又形成萬丈光芒，直洩而下。

整個挑空的中庭，就在這道折射後的萬縷銀絲，及圓弧線條邊緣綻放出的層層燈影，平行交錯出柔和的浪漫。

大人看得驚奇，小朋友看了也很是驚訝，一層一層地細數著挑空的中庭到底有幾層樓高，一層、二層、三層……三十二、三十三層。這種建築之美是不分男女老少、大人小孩的，建築大師的巧奪天工，令人驚歎，設計大師的不朽之作，更令人驚艷。

這頓下午茶，可以說結合了視覺和味覺的超豪華享受，建物主體吸引人，連婦孺三人組點的組合式甜點，都覺得物超所值，有各種口味的蛋糕、水果和冰淇淋，人民幣160元，多到足夠四個人吃，以五星級飯店的標準，算是物美價廉了。

晚餐，更別說了。中餐、西餐，想吃什麼，上海什麼都有。本幫菜、小籠包、香港避風塘，連永和豆漿的油條，都可以一次來二根。

在這種美食環境之下，難怪在上海街頭到處看得到減肥廣告。這種直接就將「減肥」兩個字大辣辣地登在廣告上，在台灣是會被衛生單位處罰的，但在上海普遍得很。老媽子一到上海，出浦東機場後，搭了第一部計程車，前座椅背上就掛了一則減肥廣告的海報，藥局裡的「減肥茶」也是公然販賣，究竟成份是什麼，完全不得而知。

還好老媽子在行前，特別針對「怎麼吃，不會胖？」的問題請教了減重醫師，所以還可以稍微控制，否則那還得了。

誘人的甜食，常常讓我們左右爲難。

小朋友在超市發現的台灣明星代言飲料。

減重醫師的說法

出國旅行，一來心情放鬆，二來又因體驗異國美食，
體重很容易就會直線上升， 回國之後，第一個工作
常常就是減肥。

知名減重醫師劉伯恩表示，品嚐異國美食，在旅行途
中，也是很重要的一部份，若要叫大家少吃，或不要
吃，實在有點違背常理，其實，只要稍微注意一下，
品嚐美食之餘，體重還是可以獲得控制的。

劉伯恩醫師說，早餐、午餐都可以儘量吃，吃到飽都
沒關係，因為旅行過程中會走路、會有活動，這些都
可以消耗掉早餐、午餐吃下去的熱量，倒是晚餐，就
必需稍微注意一下，因為一般而言，晚飯過後的活動
會比較少，消耗熱量的機會也相形減少，在這種情況
之下，大概吃七、八分飽就夠了。消夜當然能不吃就
不要吃，如果非吃不可，淺嚐即可，千萬不能吃太
多，否則吃完沒多久就要睡了，體重肯定會增加。

好吃資訊

88港澳茶餐廳
上海市長寧區定西路1515號　　86-21-62114448
滄浪亭
上海市淮海中路689號　86-21-53823738
上海金茂君悅大酒店
浦東世紀大道88號56樓　86-21-50471234

十四、整形

　　和減肥常常連在一起的廣告，就是整形；沒
想到，在台灣早成話題的整形手術，在上海也
不落「台」後，蠻流行的。

　　這讓我想起一則在新聞圈流傳的八卦，有一
位女主播，趁著休假期間，一個人帶了菲傭和
孩子出門去旅行，幾天之後，收假回到公司上
班，女主播的模樣，突然間讓全公司的男士為
之噴火，才幾天不見，這位女主播的胸前突然
變得好壯觀，原本的太平公主身材全不見了，
搖身一變成哺乳動物。

　　「女主播以孩子為晃子，利用休假去豐胸」的
說法不脛而走。

　　老媽子真的要強調，老媽子帶孩子出門旅
行，純旅行，絕對沒有任何「晃子」行為。

　　老媽子主跑過醫藥新聞，整形這件事，在台
灣社會真的很普遍，普遍到年輕人割個雙眼
皮、隆個鼻，或墊個下巴，在各個整形診所都
看得到；我問了在上海的台媽，她們說，上海
女孩也很風行，還有很多台媽在上海做整形手
術，因為費用比台灣便宜，乾脆就在這裡做

了，至於做得好不好，我的台媽朋友說，台灣的醫學美容設備絕對比上海好，如果必要，她寧可回台灣，也不敢在上海做。

這席話，也讓老媽子想起了一個在台北漂亮整形診所聽到的案例，李鐵國院長告訴我，有位台商太太嫌自己的腹部太大，就在大陸做抽脂手術，希望自己變成「小腹婆」，沒想到大陸醫師忘了告訴她，術後要天天按摩、穿塑身衣，少了這一層護理工作，沒多久之後，她的肚子竟然呈現出像月球表面般的凹凸不平，嚇得她趕緊飛回台灣找他求救。

除此，李鐵國醫師還告訴我一個豐胸的個案，我特別喜歡將這個案例說給姊姊聽。

就是有位胸部平坦的太平公主，一直很自卑自己的平胸，從學校畢業後，努力存錢，終於存夠了動手術的費用，她便找了一家整形診所動豐胸手術，術後讓她從A罩杯變成C罩杯，滿

意極了。沒想到手術之後，醫師竟然也沒告訴她，天天要做護理按摩，結果才沒多久，原本挺拔、有彈性的雙峰，卻變得愈來愈硬，好像2顆大鐵蛋一般地掛在胸前。

喜歡和姊姊講的原因，只希望她沒事就喝幾口老媽子苦心熬煮的木瓜排骨湯。

已經六年級的姊姊，過不了多久就要進入少女階段了，我們家那個有點「變態」的老爺子，天天擔心女兒以後長成「太平公主」怎麼辦？沒事就叫老媽子燉木瓜排骨湯給小朋友喝，但偏偏小朋友就不愛喝這種湯。

這下有案例可循最好，至少讓她知道這種「女人為平胸而煩」的案例，就多喝幾口木瓜排骨湯吧！不然以後如果真成了「太平公主」！別怪老媽子沒提醒，或是要動豐胸手術時，手術費用自己找，老媽子絕不概括承受。

十五、東台古玩市場驚見「粉紅老哥」

儘管我們在上海的旅行是很隨性的，走到哪、玩到哪，但是若偶有朋友或當地人推薦，我們也會特別前往一遊，這就是所謂的「口碑」吧！

我的朋友建議我可以帶小朋友到東台古玩市場看一看，她也是一位台媽，和先生帶著二個孩子，在上海已經好多年了。

她說，每隔一段時間到東台市場，就會讓她發現新寶貝，一看到新鮮事，她就會將資訊舖到部落格裡，讓同在上海的台媽、台姊們，也分享分享上海的生活點滴。

既然有人推薦了，那就走吧！

比起台北光華市場的古玩街，東台市場不知大上幾倍。光華商場旁的古玩街，多集中在八德路和新生北路的街口，一、二十家的古玩商店沿著轉角範圍毗鄰而立，每到假日時分，規模還會擴大到市民大道，陳列的商品琳瑯滿目，據說，很多貨品就是來自上海的東台市場。

這會兒，就要來見識見識「上游供貨中心」了。

東台古玩市場就位在東台路上，店家總數至少百家以上，每一家賣的東西都不太一樣，很能吸引古玩收藏家們花上一整天的時間細細品味。

老媽子在一家店門前，發現幾樽大唐女人的木雕，個個圓圓滾滾、肥肥胖胖的，豐姿綽約，我對著小孩說，唐朝的美女都是這款身材，若在唐朝，你媽的身材就是美女的典型代表，很有名的「楊貴妃」就是這種胖胖的大美女。說得自己都沈醉在大唐美女的夢幻裡，想像自己可以肆無忌憚地大吃大喝，愈胖愈美，壓

各式各樣的數字鎖及報時器，是小朋友最感好奇的古物。

根兒沒有「減肥」這個名詞。

就在老媽子還沈醉在「大唐美女夢」的美妙情境時，忽然被一聲「咔嚓」聲給驚醒了過來。

原來女兒們根本聽不進去「大唐美女」理論，在她們這個世代的觀念裡，「瘦」才是好看，管你什麼胖胖的楊貴妃，我做我的夢、她們玩她們的玩具，竟自把玩起店家陳列在架上的玩竟兒，是一只怪怪的鐵器。

看到姊姊拿起這只鐵器，我才從楊貴妃的大夢裡初醒，環顧一下周遭的店家，幾乎每一家的門前都有擺設這種鐵器，有大有小、有圓形、有長方形，每一只鐵器上頭都刻有好幾排中文字，每一排都可以隨意地轉呀轉地，像排列組合一般地轉動。

而每一個鐵器上還都會貼上一紙寫有中文字的標籤，鐵器有幾排字，標籤上就會有幾個字，只要轉到和標籤上的字雷同，鐵器就會「咔嚓」一聲地打開了。

原來，這個鐵器是把鑰匙，標籤上的中文字是解鎖密碼。

這種小朋友從未見過的古代鎖頭，讓他們不停地玩過一個又一個。

據說，老外也很喜歡這玩意兒。我的朋友告訴我，每每送給老外朋友這種中國鎖頭當禮物時，他們高興的程度，絕不亞於你送他一件名牌精品，他們認為這種有創意的東西，才是真

正「貴重」的禮物。

至於有多「貴重」，鐵做的，當然還蠻重的，至於貴不貴，店家開價人民幣50元，還可以殺價，你說呢！

就在說著老外的同時，走在東台市場裡，還真的可以看到不少老外，有的還是很引人注目的老外。

我們就看到一位身高大概有190公分高的老外，男的，金髮，他穿著一件長過膝蓋的白色皮草大衣，脖子上掛著一條粉紅色圍巾，戴著一付粉紅色鏡眶的眼鏡，背著一個金色的包包，腳底下穿著一雙金色的鞋，身旁跟著一位老外小帥哥，這位小帥哥就是一般的休閒服飾裝扮，深灰色的毛衣、外套、牛仔褲，模樣酷酷的，沒什麼特別之處。

這位「粉紅老哥」身上，還會飄散出一股淡淡的清香，應該是某知名品牌的香水，香味淡雅，一點兒也不嗆鼻。他的姿態「優雅」，舉手投足之間，絕不像一般男性大剌剌地，他總是緩緩地執行每一個動作。

「粉紅老哥」所經之處，一定會招來一堆人的目光，有人側目、有人直視，畢竟這款新潮打扮，在上海還不多見；這位「粉紅老哥」才不管呢！他還是牽著小帥哥的手，像「貴婦人」一般，閒逛東台市場。

不知這位「粉紅老哥」買了鎖頭沒？解鎖密碼是否為「粉紅貴婦」？

第七章

不同的旅行方式

才子財神

西湖的蘇東坡、周庄的沈萬三，為了沾染書卷味和銅臭味，我們決定再勇闖蘇杭。

第 七 章
不 同 的 旅 行 方 式

上海的花店創意有限。

一、跟團到周庄

在上海，除了自由行之外，還可以參加tour，就是導遊拿著旗子，跟著走的那種旅行團。

老媽子其實很不喜歡這種旅遊活動，因為時間受限、行程受困，玩起來沒有自由自在、隨地隨性的感覺，所以老媽子喜歡開車，駕馭方向盤或左或右的操縱感，是自己在決定方向，自己在領航。

原本以為在上海，老媽子也可以像年輕時與老爺子到西班牙自助行一般，拿著監理處發出的國際駕照，到了巴塞隆納租部車，就這樣跑遍整個地中海岸，那才真正的叫逍遙遊。

上海可不同，台灣監理處發的國際駕照，大陸政府不承認，所以根本沒辦法開車上路，於是乎也讓老媽子轉了個彎，那就參加tour試試看，偶一為之，應該也會有不同的體驗。

婦孺三人組選定的行程是，號稱江南第一水鄉的周庄。

周庄位在昆山，就是台商工廠雲集的工業城，整個城市除了工廠，還是工廠，有個朋友跟著老公的工廠定居在昆山，她告訴我，每天的工作就是拿幾本書到STARBUCK喝咖啡、看書，昆山不像上海，不管白天或夜晚，都有無窮無盡的娛樂。

相對的，昆山的繁華程度，當然也比上海遜色許多，拿「送花」這件事來說，「台北花苑」的花藝品味，在上海百貨公司附設的花店，還稱得上水準，但是到了昆山就完全不一樣了。有位台商朋友生病，住院期間前來探病的人不少，有人帶禮盒、有人送花，都祝福這位朋友早日康復，帶禮盒的

（左）上海萬人體育館的旅遊集散地。（右）到周庄一定要來回走三遍的「升官橋」。

還好，但送來的每一束花看起來都好像清明節掃墓拜拜用的，不是劍蘭、黃菊，就是小白菊，看得這位朋友私底下不免嘀咕，好像不是早日康復，而是早日升天。

難怪有人看準了花藝這塊市場，也想進大陸發展，拿「台北花苑」最低檔的花束送禮，都會比劍蘭、黃菊來得好吧！

即使如此，但在這座水泥煙囪充斥的工業城裡，卻隱身了一座有如義大利威尼斯般的水鄉澤國—周庄。

從上海到周庄的旅行團非常多，若非假日，根本不需事先預約，只要搭乘地鐵1號線到上海體育館站，這裡就有一處「上海旅遊集散中心」，有好幾條上海近郊的旅遊路線可供選擇，當天來回、二天一夜、三天兩夜都有，只要選定行程，購票上車就可以了。

由於周庄距離上海只有一個半小時的車程，一天來回就夠了，班次很多，只要開車時間一到就出發了，遊覽車上還伴有一位導遊小姐，解說有關周庄的歷史來由及點點滴滴，有些還是小八卦，挺有趣的。譬如周庄有座「富安橋」，中共前總理朱熔基在擔任上海市長時，曾來回走了三次，沒多久，就一路登上總理大位，因此「富安橋」就被稱爲「升官橋」，無論什麼時候，你總會發現很多人，一點也不嫌累，眞的來來回回給它走個三遍。

還有2001年，APEC在上海舉行，各國領袖曾齊聚在周庄召開高峰會議，爲了方便各國第一夫人遊覽周庄，整個周庄謝絕所有觀光客，關門不做生意。爲官夫人「封莊」，也挺有魄力的。

墨寶‧國寶
周庄因國際畫家陳逸飛的「故鄉的回憶」油畫而聞名，
如今加上建築家貝聿銘落款，更加奠定其國寶地位。

二、周庄裡的朱元璋

　　江南水鄉之美，在於家家戶戶、門前門後的小巧河道，小船是交通工具，沒有車輛、沒有污染，周庄這個擁有900年歷史的小鎮，到了21世紀的太空時代，仍保有那份純樸、那份屬於古城的寧靜。

　　由於跟團，婦孺三人組跟著導遊的旗子，這裡走走、那裡晃晃，看了「沈廳」這棟二百多年建築、看了小橋、流水、人家，也聽到了明朝皇帝朱元璋的故事，對於這個臭頭皇帝，小朋友煞是有趣，雖然她們還沒讀過這段歷史，但對於「臭頭」、「乞丐」這幾個形容詞，她們也會頻頻追問的，為什麼皇帝會是乞丐？為什麼沈萬三出了那麼多錢，皇帝還要說他有罪？

　　小朋友的提問，當然是有典故的。走在周庄任何一個角落，幾乎都與「沈萬三」脫離不了關係，紅燒豬腳稱為「萬三蹄」、糕點是「萬三糕」。原來沈萬三是位成功的商人，他將江南生產的絲綢、茶葉、陶器、手工藝品等等出口至海外，賺了很多錢，堪稱江南首富，他曾資助朱元璋建都南京，當時南京城的建城經費，有三分之一是沈萬三一個人獨資的，這款手筆真是大，套用在現代社會，等於一個人資助了三分之一個台北市的建設費用，那是富可敵國的規模了。

　　當皇帝是要有命、有運的，蒙古人高壓統治漢人，在元朝末年造就了朱元璋，朱元璋後來創建明朝，由於曾經當過乞丐，所以被稱為「乞丐皇帝」。而乞丐常常全身髒兮兮，頭上長癬，所以歌仔戲裡有段「臭頭洪武君」，講得就是朱元璋。

　　乞丐出身的朱元璋，自是嫉妒沈萬三的財富，但始終捉不到他的把柄，連到沈萬三家裡吃飯，光是飯桌上的菜，都可以讓朱元璋大做文章。例如紅燒豬蹄膀是沈家的家常菜，一大塊的放在桌上，朱元璋會問沈萬三，「這道菜叫什麼名字？」沈萬三原本想說出「紅燒豬蹄膀」，但「紅燒豬蹄膀」有個「豬」字，「豬」與「朱」同音，是犯大忌的，於是機靈地用「萬三蹄」取代，巧妙地過了一關；之後，朱元璋又問，「那怎麼吃這塊蹄膀肉？」

（上）超有名的阿婆菜和溪蝦。（下）三毛茶樓。

　　本來切肉是要用刀的，但在皇帝面前如果拿刀，那也是犯大忌的，所以沈萬三又巧妙地想出拿骨當刀，就把蹄膀肉切開了，好在這塊蹄膀肉滷到熟爛不已、骨肉分離，讓沈萬三可以輕輕鬆鬆地從蹄膀裡抽出骨頭，以骨當刀把肉切開了。這也就是「萬三蹄」的由來。

　　光和小朋友說到這裡，她們就覺得不可思議了，不約而同地說：「好累的一頓飯哦！」

　　你才曉得，生活在台灣多幸福，言論自由到連總統都可以罵、什麼政策都可以批評，若在皇帝時期，早就人頭落地了。

　　沈萬三在協助建了南京城之後，即表示要犒賞軍隊，這個舉動觸犯了皇帝，讓朱元璋活逮個正著，沈萬三被發配邊疆，抑鬱而終。

　　這就是小朋友的疑惑，沈萬三對國家這麼有貢獻，他拿錢出來請軍隊吃飯，為什麼有罪？

　　皇帝才是軍隊的統帥，沈萬三只是一名商人，皇帝都沒說要請客，怎麼可以越級，那不是不將皇帝看在眼裡嗎？皇帝當然不高興。

「懂了沒？」

「懂了。」

「真的？」

「真的，懂了。」

伴君如伴虎，小朋友真的懂了嗎？

沈萬三．萬三蹄
被奉為財神的沈萬三與萬三蹄，都充滿傳奇。

私房‧私塾‧私家碼頭
（上）在周莊還可以吃到純私房的手工豆漿。
（中）張廳裡的私塾。
（下）張廳的私家碼頭。

軟座的火車票。

三、搭火車

搭火車到杭州，又是不同的旅行方式。

在大陸搭火車，可新鮮的很呢！由於大陸幅員廣大，從東部到西部，可能搭飛機都要好幾個鐘頭，更別說搭火車了，幾天幾夜是很稀鬆平常的事。就好像在美國，從東岸的紐約要飛到西岸的洛杉磯，國內班機就要飛四、五個小時，開車也是要幾天幾夜，所以這些大陸國家的火車，多設有臥舖，提供給旅客睡眠的空間。

大陸的火車是雙層的，這在台灣沒見過，而且階級非常分明，讓婦孺三人組大開眼界。

除了快車、慢車的分別之外，大陸火車的車廂還分有軟臥、軟座、硬臥、硬座，顧名思義就是有軟墊的臥舖、有軟墊的座位、硬木板的臥舖、硬木板的座位。當然是有軟墊的舒服，但價格相差二倍以上，且車站內的進出入口也不一樣，很像飛機上的商務艙和經濟艙，但基本上還是同一個登機門，但軟、硬座舖，連出入的門都不一樣。

硬座舖的入口，就是一般火車站進出月台，有柵門的剪票口、有剪票員；等著上火車的人，得排好長好長的隊，才進得了柵門，且愈接近剪票口，秩序愈混亂，擠得亂七八糟的，完全失了序。但軟座舖完全不同，出入口是在另外一邊，沒什麼人，不用排隊，並且有好幾位穿著高級制服的服務員，會站在門口為你驗票、歡迎你光臨本列車，隨之會進入有沙發坐椅的貴賓室，提早到的旅客可以舒舒服服地喝杯茶、看看報，完全不用跟著成堆的旅客擠成一團。

到了車上更絕了，列車員服務過度的服務法，絕對吵得讓人不得安寧，想閉目養神一會兒，都是奢想。

以杭州到上海為例，才不過二小時的車程，服務員大概每隔五、六分鐘就會來段廣播，一會兒賣茶水、一會兒又賣泡麵、一會兒又賣水果、一會兒又要賣名產，就這幾樣東西不停地、重覆地賣，播音員講到一半時，還會打嗝，這個「ㄎㄜˊ」透過廣播系統，好大聲、好大聲地傳送出來，不知笑倒多少人。

若在台灣，台鐵肯定會被投訴。

搭火車只是一段經驗，但要事先知道火車時刻表，比較能夠掌握時間，可以事先上網查看，蠻方便的，只是老媽子的住處沒辦法上網，我們是到了車站才發現，火車竟然剛走六分鐘。

這個時候就考驗老媽子的應變能力了，杭州西湖聞名海內外，怎麼可能沒有其他交通工具？婦孺三人組開始眼觀四面、耳聽八方，看到不遠處有部寫著開往杭州的客運巴士，司機在吆喝著：「車子快開了，一人五十元，還有座位。」

西湖的美，無需用言語形容，必需親自體驗。

　　這種客運巴士，很像台灣早期的
中興號，除了電視之外，其他都很
簡陋，這種設備，在台灣早被淘汰
掉了，同時我也想著，如果台灣的
統聯、阿羅哈來這裡，這些客運巴
士肯定關門大吉。

　　既然錯過了火車，就只能搭巴士
了，反正車上還能買票，完全不用
緊張，也是二個小時之後就到杭
州。

　　有了錯過火車的經驗，一到杭
州，我們就先到車站看時刻表，預
購回程時的車票，一圓搭火車旅行
的經驗。

　　這段火車之旅，小朋友開心極
了，光是那一句好大聲、好大聲的
「丂さˊ」，就叫她們學了老半天、
笑了好半天。

四、女兒是爸爸前輩子的情人

一到杭州車站，等於就到西湖了，不遠，沿著車站門前的西湖大道直直地往前走，大約一公里路就到了，可以走路，也可以搭計程車。

西湖，美到讓人遙想、美到讓人流連，「長堤不長、斷橋不斷、孤山不孤」，想那梁山伯與祝英台在長堤上的臨行送別，長堤不長，卻讓他們來來回回走了幾遭，成就了著名的「十八相送」；許仙在斷橋上與白素真相遇，成就了不朽傳奇—白蛇傳；孤獨的孤山，因白堤而不孤了，詩人騷客在煙雨江南的吟詩對唱，讓西湖時時刻刻在變；早看、晚看，中午再看，西湖永遠像個懂得魔法的仙女，分分秒秒施展法術，展現不同風情和意境。

和小朋友說梁山伯與祝英台，她們回了你一句：「是啥人？」老媽子唱兩句黃梅調，「遠山含笑，春水綠波映小橋……。」唱著唱著，被她們笑歪了身子，學大陸人的聲調說：「啥歌啊！」其實老媽子也沒那麼老啦，只不過，2005年時，永遠的梁兄哥凌波來台灣時，老媽子曾做過人物專訪，「梁兄哥」的風采深植

我心罷了，對照西湖的場景，一句「遠山含笑，春水綠波映小橋」，說得不就是西湖美景嗎！

可惜，小朋友聽不懂。不了解她媽……媽的心。

再說白蛇傳，還好她們看過；再說「白堤」的「白」，是指唐朝詩人白居易任杭州太守時，在西湖築過的堤，小朋友唸過唐詩三百首，知道「白居易」。三題中兩題，勉強及格。

走過長堤、斷橋、白堤，再繞到蘇堤，這是一段不算短的路程；蘇堤，長達2.8公里，名為蘇堤，就是北宋詩人蘇東坡任杭州知州時用湖泥堆砌而成的，蘇堤上永遠有絡繹不絕的遊客，有成群結隊的，有成雙成對的，也有祖孫三代，也有單車騎士，來來往往的行人，讓蘇堤永不寂寞，完全不像蘇東坡在「水調歌頭」裡的悲涼。

老媽子的步伐一向不快，婦孺三人組外加一個老爺子，落後的永遠是老媽子，這個一直走在三人之後的老媽子，卻在蘇堤上看到中間高、二頭低，三個成「凸」字的背影，老爺子牽著女兒們的手，誰說女兒不是爸爸前輩子的

西湖的藕粉，還是不如白河的好喝。

情人！

每說要出門去玩，我們家那個老爺子永遠有藉口、有理由的，不是工作忙、就是事情沒做完，或是臨時來個爽約，搞得老媽子不得不找女兒們組成「婦孺三人組」，幾年下來、全台走透透，走到老媽子可以四處暢談「一個人帶著孩子去旅行」的親子遊，但是這回搭飛機到上海，「婦孺三人組」原本也就設定了三人行，沒想到行前沒多久，老爺子突然來插一腳，搞得老媽子腳步大亂，原本只伺候二個女兒就夠了，這下又多了一個大孩子兼老爺子，把老媽子給折騰慘了，還好女兒們都是小幫手，分擔了許多工作。就當老爺子是跟班的，是行李箱，必需跟著走的。

但是來到西湖，完全不是那一回事，走在長達近三公里的蘇堤，風景雖美，卻沒有車輛，唯一的交通工具就是「11」路公車，只能用走的、快走、慢走，還是得走。

女兒們哇哇叫，「還有多久？」「腳好酸哦！」「我走不動了。」

老媽子的作法，就是叫她們忍著點，也許陪她們多說點笑話，或來個開扯淡，但是這回多了個老爺子，他，分擔了這項工作。

怕女兒累了、擔心她們倦了，老爺子一路和她們講歷史故事，跟她們講第二次世界大戰、四行倉庫、台灣的二二八事件……，講得還不算，他還手腳併用了起來，教她們打水飄兒。這項技術，不曉得有多少人能記得？就是找一片扁扁的石頭，側著身，從湖面丟擲出去，角度要拿捏得精準，石頭才能在湖面上接連彈起水花，一個、二個、三個……，功力好的，不知可以彈出多少個水漂兒呢！

光打水飄兒這場遊戲，小姑娘玩得興奮得很咧！也不累了。

不然，就買杯西湖著名的蓮藕粉，陪她們在湖畔坐著，父女們開嗑牙。老爺子還怕她們燙著了，用嘴巴吹涼些，再你一口、我一口地共用一支湯匙；吃著吃著，再和我們台南白河的相比，討論討論，看看誰的好喝。還有西湖的棉花糖，在棉花糖機裡翻滾得圓嘟嘟的，活像顆軟白球，你抓一片、我撕一塊、他抓一把，吃得不亦樂乎。

朱自清的「背影」是描述父親對兒子的關愛之情，坐在蘇堤畔的父女三人，呈「凸」字型的背影，是二十一世紀的新背影，是對前輩子情人的呵護守候之情。

一個人帶著孩子去旅行，偶而多一個人，也蠻不錯的。

西湖畔・東坡肉
到西湖不吃碗東坡肉，對不起蘇東坡，也對不起自己的五臟廟。

五、東坡肉

到杭州看西湖,別忘了要去吃東坡肉、蜜汁火方、龍井蝦仁、叫化童雞、貓耳朵、蔥包檜……等等,都是杭州的名菜和小吃,特別是東坡肉,可以好好地比較比較一番。

老媽子向當地人打聽了一下,要吃杭州名菜,最有名的館子是「樓外樓」,餐廳就在西湖畔,只要是杭州人,無人不知、無人不曉,每到用餐時分,人潮多到根本看不到究竟哪個位子是「閒置」的,光是接待一團又一團來自各地的旅行團都不夠了,哪有空間再「安置」像我們這般的散客;老媽子建議樓外樓餐廳應該另行開闢「站票區」,讓我們這些散客也吃得到嘛!

婦孺三人組和老爺子走到「樓外樓」門外,只看到一輛又一輛的遊覽車,人肉比桌上的東坡肉還多得多,壓根吃不到。

轉換戰場,來到也同列杭州知名餐館的「知味觀」。

「知味觀」有二處,一處在一樓,是屬速食區,餐點以小籠包等點心為主,要吃道地的杭州菜,就得到樓上雅座區,座位舒適、服務較好,但價位也一定比較高。

那風聞許久的道地東坡肉,終於上桌了。一上桌,婦孺三人組不免發出驚歎,「怎麼這麼小一塊?」和台灣的東坡肉比起來,真是小巫見大巫。

老媽子有位忘年之交好友姜通,是位中醫師,高齡九十七歲,走起路來健步如飛,身體硬朗,唯一的缺陷就是牙齒掉光了。偏偏就愛吃東坡肉,他最愛到微風廣場地下一樓的「滬園上海湯包」用餐,他不是去吃湯包,而是點東坡肉,那一塊放在陶碗裡,約莫十二公分見方大小的東坡肉,光看服務生從手裡要放到桌上的這段時間,東坡肉隨著服務生的動作,ㄌ

ㄨㄞ、ㄅㄨㄞ、ㄅㄨㄞ晃動個不停的油滋滋模樣，就叫人垂涎三尺，再搭配一塊割包，好吃到連沒牙的老先生都讚不絕口。

再來對照知味觀服務生端上桌的這塊肉，大概只有五公分見方，好迷你哦！可能太小了吧！少了那份油滋滋的感覺，吃起來的口感就稍微硬一些，雖仍有入口即化的感受，但就是少了那麼一丁點的味道。

道地和改良，真的全看每個人對食物的味覺，好不好吃，也全憑個人的口味了。

還有一道點心，真叫老媽子氣結，就是「蔥包檜」，在西湖兩天，不知道怎麼搞的，就是吃不到；找了一家又一家的店，不是賣完了，就是師父休息了，搞到臨上火車之前，還是看不到這種點心到底長什麼樣子。

之所以讓老媽子如此找破頭，也是有原因的。「蔥包檜」裡的「檜」字是指秦檜，就是害死愛國英雄岳飛的奸臣，相傳當時的南宋人民非常痛恨秦檜，有一個賣油炸食品的小販，用麵糰捏出人形下鍋油炸，邊炸邊唸：「油炸秦檜、油炸秦檜」，後來演變成用上等麵粉做成薄餅，再裹上油條、蔥段，烤過之後，再配上醬汁食用，即是「蔥包檜」。

多想吃！但老媽子想的和民族英雄、奸臣完全沒有任關係，我在想，這道點心可不可以拿到台灣去，邊油炸就邊唸，「炸主管、炸老板」，搞不好可以治癒許多被主管、被老板虐待到得了憂鬱症的患者，就像台灣盛行不已的「巫毒娃娃」一般，就當成一個出氣包，氣消了，職場上不愉快的事，也就如過眼雲煙了，不是嗎？

開玩笑的啦，被老闆知道了，準被Fire。小孩子千萬不要學哦！

好吃好玩資訊

樓外樓：杭州市孤山路30號。　87989078
知味觀：杭州市仁和路83號。　87065871

西湖畔的樓外樓、知味觀各式名菜，都讓人有「非吃不可」的衝動。

何麗玲的兩岸咖啡也是西湖的地標之一。

六、何麗玲救了我！

整個西湖雖然已具國際級的觀光水準，但只要離開西湖周遭，一些惱人的事，就讓人覺得不舒服，旅行社人員、計程車司機像蒼蠅般地黏人，真的叫人討厭。

婦孺三人組和老爺子一行四人搭著客運巴士初到杭州，車門一打開，就圍了一堆人，一個人一句、二個人四句，每一句的內容都差不多，「要不要遊西湖？」「包車80塊」、「西湖很漂亮地」……，不理都不行，他們是採如影隨行、左右包抄兼夾攻的方式，逼得你非做出一個選擇不可。

「怎麼辦？」「怎麼脫身？」腦袋裡忽然閃出「何麗玲小姐在杭州西湖投資兩岸咖啡」的報導，便隨口問了一位「跟隨」在我們身邊的計程車司機，「可不可以載我們到兩岸咖啡？」

「當然行啦！」就這樣我們才脫離了蒼蠅群的圍攻。

司機也不是省油的燈，他知道你是隨口說出的一個地點，他還會再問：「兩岸咖啡有很多家，你們要去哪一家？」

所幸平時有閱覽報紙雜誌的習慣，他一問，老媽子就答：「離西湖最近、景觀最好的一家。」這下，他可沒輒了。即使在車上，司機還是一直推銷行程，無所謂了，目標確定就好，管他再多說什麼。

走在蘇堤，可以讓人遙想歷史歲月，但跨越到西湖四周的環湖公路上，那是極現代化的西湖。索菲特、君悅等高級飯店林立、各式酒吧、咖啡館、茶館，一家接著一家，而且多是24小時營業，到了夜晚，西湖周遭宛若不夜城，呼應遠處雷峰塔的燈光，不知被法海和尚制伏在雷峰塔底下的白蛇娘娘，是否早已施法脫離塔底，化身為西湖美女，像凡人般地隱身在咖啡館的某個角落，要她現身，恐怕就只有在端午節來個喝雄黃酒大賽了。

坐在兩岸咖啡館裡，大人喝咖啡，小孩吃冰淇淋。那是很難忘的一杯咖啡。

兩岸咖啡
總店：杭州市西湖大道333號。　0571-87067997

何姐・和解

兩岸何時可以喝咖啡和解，我不知道，我只知道在何
姐的「兩岸咖啡館」裡，我們真的是飽餐了數頓。

第 八 章

小朋友出狀況

24小時的藥房，以備不時之需。

一、 小朋友被車撞到了

帶小朋友出門旅行，不管是國內外，大人或小孩，安全、健康一定是最重要的，不過，偶而還是有凸槌的情況。

在台灣到處旅行，最怕小朋友感冒了，所以健保卡鐵定隨身都會帶著，以便就近可以看診、拿點藥；出國旅行，人家政府可不認同我們的健保卡，所以直接帶點感冒藥，反而實用。

這次旅行，小朋友很OK，沒有感冒，但卻被車撞了，是腳踏車。

上海很繁榮、很國際化，但不守秩序也是出了名的。大馬路上明明有紅綠燈、有人行道，也有一堆人停在路口等著綠燈亮，但就是有人會去穿越馬路，而且還不少，有時候也會看到藍眼珠的外國人跟著闖越馬路，真的有夠入境隨俗。

大馬路如此，小巷道更糟了，公車、計程車、私家轎車，喇叭從早叭到晚，摩拖車也是，腳踏車更是到處亂騎亂竄，正向、逆向，隨便他愛怎麼騎，就怎麼騎。

有一回，就在靜安寺附近，所在位子離人行道還有一段距離，看著當時周邊很多人也都是直接穿越馬路直直走去，加上這是條巷弄，馬路並不寬，所以也決定入境隨俗，跟著在地人「過馬路」。沒想到，平時太守法，突然一個不守法，事情就發生了，一個不小心，我們家的妹妹就被一輛腳踏車撞個正著，整個人跌倒在地。那個肇事的腳踏車主，就只回個頭，逕自往前騎走了，好像完全沒事一般。

看得老媽子緊張得心臟快要跳出來，趕緊扶著小朋友起

上海各景點人擠人，小朋友必需格外照顧好。

身，這些動作幾乎都在第一時間進行，但妹妹的眼睛不知已掉了多少顆像珍珠般大的眼淚，看得著實令人心疼，好在天氣冷，衣服穿得多，可以充當保護層，一點點小瘀青，沒什麼大礙。

這種情形，在上海挺普遍的，所以常常在街頭，就可以聽到兩派人放大嗓門，霹靂叭喇罵個不停，難怪那位肇事的騎士，根本將之視為家常便飯，轉過頭看看，人還能「動」，就算沒事了。

我咧！北港鴨肉，還好沒事，否則老媽子一定發揮台灣人的精神，天涯海角找到你，告你告到底。

小叮嚀1：
不管在那裡，都要走人行道，千萬別太過入境隨俗，偷得方便，搞不好會帶來更多的不便。

二、小朋友被人群踩到了

「到上海看人。」有人將這句話納入上海觀光景點之一，你就知道，上海的人有多少了。不管在外灘、淮海中路、南京路，從早到晚，時時刻刻、到處都是人，人多到走在街上時，隨時都在擔心小朋友會不會走失了。

特別是搭乘地鐵時，那種人潮，才真的叫恐怖。

婦孺三人組在2005年最後一天時，曾趕熱鬧地跟著跨年的人群在台北101，高聲大喊5、4、3、2、1，伴隨著40萬人的聲浪，倒數跨出2005年，走入2006年，並當場看了一場屬於101專有的煙火秀，持續一分多鐘的短暫煙花，卻植入40萬人的腦海中，成為永恆的記憶。

待煙火秀結束，婦孺三人組準備離開之際，慘了，沒有控制好的人群，全失了方向，有人要出來、有人要出去；有人要往東、有人要往西，全打成一個死結，動彈不得，老媽子整個人像浮在半空中一般，被後面的人潮，不停地推著往前走，另外兩隻手還要保護旁邊的女兒。我的頭必需要往上仰，才能呼吸到空氣，更別說比我們矮小的小朋友了，我使出全身的力氣，用雙手擋住所有的人群，讓小朋友有個立身的空間。

當時我真的感覺到：為什麼會有踩死人的新聞，2006年1月1日，我真的體會到，在那個場景下，若是稍有不慎、或是只要有一個人跌倒，慘劇一定發生。

這種場景，放到上海的地鐵站，上下班的巔

峰時間，天天都在輪番上演著。

好幾次，我們剛好都遇到下班的尖峰時間搭乘地鐵，擠啊、推啊，大家使命地往前衝，不管是要上車，或是下車的人，一定是搏命演出，為自己殺出一條血路，我們這種從台北來的，壓根不會，幾乎都是被推著走的，你踩我、我踩你，好像都是自然現象，也不會聽到一句「對不起。」如果有，就是婦孺三人組這一團的成員說的。

我們家的妹妹，光一個上車，就被踩了三次，出了地鐵站，還一跛一跛地走路，甚至都已經快要到住處了，她還在跛。

自己生的女兒，自己最清楚，老媽子也知道，其實沒那麼嚴重，我們還不是被踩了好幾次，但過了就好了嗎！那有可能事隔半個小時、一個小時還在「跛」。裝得如此柔弱，目的還不是為了吸引我們注意，看看可不可搭計程車。

老媽子就懶得理她，倒是老爺子看不過去，竟然發起飆來，對著妹妹的腳再踐了兩下，並大聲喝令她：「抬頭挺胸，正常走路。」妹妹被嚇得趕緊恢復正常，當然，同時又忍不住掉了幾顆像珍珠般大小的眼淚。

老爺子的脾氣就是這樣，一個火氣上來，管你三七二十一，不過，倒是挺有效的，妹妹真的就變得很「正常」，腳不痛了，也不跛了。

小叮嚀2

雖然妹妹想用「跛腳」吸引我們注意，轉而搭乘計程車，但尖峰時間的上海市區，是很難叫得到車的，同時也會塞車，更是不便。

老爺子的方法，暴力了一點，若在台灣，妹妹都可以去驗傷，告他「家暴」了。但有時太過溺愛的教育，反而會讓小朋友為所欲為，只要不受傷，適可而止，也算正常的教育。這一點，是老媽子和好多媽媽們，都很認同的答案。

不過，你也別以為老爺子的強悍政策，會影響到她們父女的感情，那可不呢！其實，我們家那妹妹神經有夠大條的，有任何不愉快的事，只要睡一覺，保證隔天一早全忘光了，你看，這次還不是只過了一晚，她又像沒事一樣，對她爸比ㄋㄞ的不得了，又摟又抱的，看在老媽子和姐姐眼裡，也只能說：「這兩個牡羊座的……就是這付德行！」

三、大叮嚀

只要行前準備功夫做得好，意外狀況都可以降到最低，偶而擦出的凸槌狀況，只要沒什麼大礙，就當是旅行中的小插曲吧！

出國前的準備物件表格

請打勾	項次	主要內容
	01	全家一起商量， 討論出適合的地點，決定之後，著手辦理出國手續
	02	蒐集相關的資訊、書籍和地圖
	03	和小朋友一起上網，做更深入的研究與分析
	04	確認住宿，務必事先訂房
	05	事先預繳水電費、電話費及貸款
	06	護照、機票、台胞證、美金、信用卡
	07	小朋友可能需要在假期間完成的作業
	08	感冒藥、行軍散、普拿疼、正露丸、面速力達母、膚潤康等藥品，或個人隨身藥品
	09	自用拖鞋、毛巾、牙刷、牙膏、吹風機等盥洗用具，環保筷
	10	雨衣、雨傘、太陽眼鏡，夏天泳衣泳褲
	11	球鞋、休閒鞋
	12	相機、底片、數位相機、記憶卡、手機
	13	手提電腦、PDA、MP3、遊戲機
	14	電壓轉換器（PS.大陸地區的電壓是220伏特，台灣是110伏特，所以要特別注意相機電池及充電器、手機電池及充電器。）
	15	乳液、護手霜、護唇膏等保養品
	16	洗面乳、沐浴乳、洗髮精、潤絲精等清潔用品
	17	衛生褲、衛生棉（PS：最好帶一、二片放在隨身包包裡，以防萬一）
	18	背包（PS：小朋友一個人各帶一個，可以隨身裝些礦泉水、雨具等）
	19	出門前，家裡瓦斯務必鎖緊
	20	門窗記得鎖上，安安心心出門、平平安安回家

附 錄 二
衣物

請打勾	項次	季節	主要內容
	01		內衣褲或免洗褲數件
	02		休閒裝數套
	03		帽子
	04	春夏季	薄外套
	05		襪子或免洗襪數雙
	06		小背心
	07		薄睡衣
	08		短褲
	01		衛生衣、內衣褲或免洗褲數件
	02		毛衣、休閒裝
	03		毛帽
	04		厚外套或大衣
	05		毛襪
	06	秋冬季	圍巾、耳罩
	07		手套
	08		厚睡衣
	09		褲襪
	10		呢絨長褲
	11		暖暖包

收納小幫手（廢物利用）

1.提袋把手

旅行途中，難免會有一些吃不完的零食，如花生、魷魚絲等，如果一時之間找不到橡皮筋綁起來，又擔心散落開來，這個時候，購物時的塑膠提袋，就派得上用場了。

只要將塑膠提把拆下來，直接綁在未吃完的零食上就可以了，利用提把末端的固定夾固定，就可以充當橡皮筋使用了；同理，塑膠提把也可以用來打包衣物，節省行李箱的空間及方便辨識。

2.扭蛋盒

小朋友到夜市玩，從扭蛋機扭出扭蛋後，包裝玩具的扭蛋盒千萬不要丟掉，旅行時就是很好的收納工具。可以用來裝大人的項鍊、耳環等，也可以用來裝小朋友的髮飾、髮夾等，放在行李箱裡，東西既不容易散落，也不怕被壓壞，很實用。

後記
巧合、巧合、再巧合

逛完上海，我和老爺子都有一種新的形容詞，上海是國際級的「夢的集散地」！在這個集散地裡，我也確確實實做了很多很多不可思議的夢。

到上海第一天，我的外祖母飛入我的夢裡來，九十歲的她，很安詳地來看我；迷迷糊糊中，又好像夢到已過世二十年的爸爸也出現了。我像一個領隊，他們則像是我的團員，跟著我來上海玩。

清晨起床，沒多想些什麼，只是直覺想了起來，再一個月，外婆就要過九十大壽了，舅舅們一定會訂一桌素菜，為外婆暖壽的。

到上海第二天，不知什麼緣故，又做夢了，今晚換成我的媽媽，好像我這個上海觀光團成員愈來愈多了一樣。自從媽媽兩年前因肝癌過世後，我就很少夢到她，即使有時很想很想，卻鮮少在夢裡夢見，這一晚夢裡的媽媽，沒有疾病纏身的苦痛，沒有消瘦乾枯的身軀，和她年輕時一樣漂亮，雖然沒有開口說話，但我感覺得到，她過得很好，叫我不要擔心。

之後，我幾乎天天做夢，有陌生人、有好朋友；很少夢得如此頻繁的，我給自己的理由是，可能是到一個新環境、新空間，不熟悉、不踏實的原因吧！我仍舊照著計畫，帶著小孩，外加一個老爺子，在上海悠悠哉哉地旅行。

二個星期過去了，直到澳航班機抵達中正機場，出了海關，我才開啟僅剩微量電力的手機，打了電話給幫我看家的老弟，電話那頭告訴我：「外婆在大年初四清晨過世了。」

我的眼淚掉了下來，像珍珠般大小的眼淚，一顆顆地、直直地落了下來，我不知該說些什麼？大年初四凌晨，不就是

我到上海的第一個夜晚嗎？

老弟說，有傳簡訊給我、也有發e-mail，就是聯絡不到。外婆是睡著睡著走的。

天底下就有這麼巧合的事，我的住處收不到e-mail，帶了電腦等於沒用；住處是朋友租給房客的，房客退租後，電話當然也沒了；唯一可以聯絡的手機，卻因座充的電壓不同爆掉了，手機沒辦法充電，讓我沒事根本不敢開手機，所以老弟聯絡不到我，我也不方便打電話回台灣。就這樣一連串的巧合，讓我錯過和外婆的最後一面。

從小，我就是外婆帶大的，媽媽忙著做生意，放了學、下了課，我一定先到外婆家，吃完外婆最拿手的燉肉飯，才很滿足地走回家，外婆的燉肉飯，無人能及，那是僅次於媽媽滷花枝、炒米粉的家鄉味。

聯絡不到也許是個巧合；到上海第一晚的一個夢，一定不是個巧合，人家說，至親的人，心靈是相通的。外婆的靈魂，雖然離開了軀殼，卻飄洋過海來看我，伴隨在我身邊，與我同遊上海；同時也和爸爸、媽媽，一路護祐著我，讓我們一路平安。「聯絡不到」或許也是他們上天堂之後，變神成仙，故意施展法術所製造出的巧合，好讓我安心地旅行，不要掃了曾孫女的興。

我相信，這本書，可以順利完成，就是這些冥冥中的「巧合」。

珍惜你的親人，可以在你身邊的，就是福氣，一個人帶著孩子去旅行、二個人帶著孩子去旅行、全家人帶著孩子去旅行，對孩子、對家人，都是個福氣。去走走、去開開眼界吧！也許你的生命，就在旅行中，有了新轉彎。

國立中央圖書館出版品預行編目資料

一個人帶著孩子去旅行 III

作者／簡文香　攝影／簡文香、洪雅雯

台北市：晴易文坊媒體行銷，2006（民95）

面：17×23CM（一個女人系列：6）

ISBN 957-29211-6-9

1.上海市—描述與遊記　　　　　　　CIP

672.19/201.6　　　　　　　　95006607

一個女人系列06

一個人帶著孩子去旅行 III

作者	簡文香
攝影	簡文香、洪雅雯
封面插畫與設計	映鴻設計
行銷總監	楊承業
總編輯	洪雅雯
美術主編	葉鴻鈞
發行所	晴易文坊媒體行銷有限公司
發行人	石育鐘
地址	台北市中山區吉林路286號7樓
電話	（02）2523-3728
傳真	（02）2531-3970
網址	www.sunbook.com.tw
連絡	tim@sunbook.com.tw
郵政劃撥	帳號：19587854
戶名	晴易文坊媒體行銷有限公司
總經銷	紅螞蟻圖書有限公司
地址	台北市內湖區舊宗路2段121巷28號4樓
電話	（02）2795-3656
傳真	（02）2795-4100
製版印刷	中茂分色製版印刷事業股份有限公司
出版日期	2006月4月
定價	NT$280